小規模マンション大規模修繕のカラクリ

管理会社が
絶対に明かさない
秘密を公開

長岡 聡 著

セルバ出版

はじめに

本書を書きたいと思ったのは、当社が運営するサイトで、大規模修繕が行われる予定の年に理事長になり、どのように計画を推進すればよいかわからず困っている方に、事例を元に解決の手がかりを提供したいと考えたからです。

このことを知ったのは、サイト運営を通じ、直接電話で話を伺い、管理組合、管理会社の現状に触れたからです。

率直に言って、「管理組合は、管理会社にとってとってとっておきのカモだ」と感じました。

本書は、小規模マンションの管理組合の理事長さん向けに特化して、管理会社、コンサルタント、施工業者にだまされない、賢い管理組合になるための具体的な事例、注意すべき点をピンポイントに指摘、その解決策の形で掲載してあります。

本書を読む主なメリットは、次の諸点です。

・マンションと関連する業者間の相互の利害関係がわかります。
・区分所有者の権利、義務の本質がわかります。
・マンション管理会社、建設会社、大規模修繕業者の本音がわかります。
・小規模マンションの管理組合さんが大規模修繕計画を推進する過程で、管理会社、コンサルタントと対等に渡り合うための理論武装ができます。

さらに、次の諸点が「勘違い」であることが実感できます。

・管理会社はマンション管理の責任者なので言うことを聞かなければならない。
・管理会社を変えることはできない。
・マンションの修繕、点検等はすべて管理会社が指定の業者に任せなければならない。
・大規模修繕計画は、建設の知識のない管理組合では推進できない。
・コンサルタントを雇うとコストダウンができ、総施工金額を圧縮できる。

1つでも、「当たり前」とお考えになっているとしたら、知らないうちに勘違いさせられ、騙され、その勘違いを利用されようとしています。

「思考が変われば行動が変わる。行動が変われば習慣が変わる。習慣が変われば人生が変わる」という名言があります。

これを大規模修繕に置き換えると、「正しい情報を得られれば思考が変わる。思考が変われば行動が変わる。行動が変われば習慣が変わる。習慣が変われば他の区分所有者も変わる。区分所有者が変われば管理組合も変わる。管理組合が変われば管理会社も変わる。管理会社が変われば大規模修繕も変わる」となります。

大規模修繕に取りかかる前に本書をお読みください。きっと、新しい世界が見えてきます。

相快ホイール株式会社代表　長岡　聡

平成28年9月

小規模マンション大規模修繕のカラクリ—管理会社が絶対に明かさない秘密を公開　目次

はじめに

第1章　あなたは既に騙されている

1　修繕積立金のカラクリに騙されている・14
2　え！　マンションの図面、資料等が管理会社の中にある？・17
3　長期修繕計画なんてあってないようなもの・19
4　長期修繕計画と修繕積立金の関係とは・21
5　修繕積立金の運用・22
6　建設業界のピラミッドが悪影響を及ぼしている・24
7　長期修繕計画は管理会社の長期収益計画？・27
8　毎月管理会社に渡しているお金はいったい何？・31
9　本当の自社施工業者が見つけられない理由・34
10　小規模マンションで修繕業者を公募すると割高になる理由・37

11 大規模修繕無料セミナーの「裏の目的」・43
12 大規模修繕無料セミナーの賢い使い方・45

第2章 管理会社に騙されて泣く人たち

1 マンションは特殊構造物？・48
2 管理会社って何をする会社？・49
3 マンション建設～建替えで収益を最大化する方法とは・50
4 管理会社が知っていいこと、知らせてはいけないこと・53
5 駐車料金を横取りされていることを誰も知らない・56
6 大規模修繕工事の業者を管理会社が決めるのはおかしくない？・58
7 管理会社を変えられることを知っている？・61
8 管理会社を変える前に・63

第3章 知っている人が得するマンション管理

1 管理会社が持ってきた見積りにストップをかけたまさかの手段とは・66

2　業者の相見積りを取ったら安くなった・67
3　管理会社の横暴が起きやすいマンションとは・68
4　管理組合の理事の横暴が起きやすいマンションとは・70
5　下請業者の人たちも喜ぶ WIN-WIN・71
6　瑕疵保険の「瑕疵保証」以外の効用・74
7　業者間の中間マージンのカラクリ・75

第4章　下請大規模修繕業者社長、ここだけの話

1　元請になるのは夢の夢・78
2　他社ユニフォームＶＳ自社ユニフォーム・79
3　有名会社ＶＳ無名会社・80
4　自社施工実績・82
5　施工保証、点検の真の目的とは・82
6　できれば下請を脱して元請になりたい。でも…・84

第5章　マンション管理の賢い進め方はパッシング・オーダー方式

1　マンションのオーナーは誰なのか・88
2　規模によるマンションの性格の相違の把握・90
3　長期修繕計画の賢いチェックの仕方・92
4　修繕の施工方式の賢い決め方・94
5　賢い管理組合さんは既に使っているパッシングオーダー方式とは・97
6　見積りだけで判断してはいけない・104
7　最強の武器は質問力・105

第6章　修繕するときにお金が足りなくて困った住人たち

1　詳細見積りを取る・108
2　分割施工を検討する・109
3　借入れを行う・110
4　一時金の徴収・111

5　大規模修繕工事を修繕積立金が積み上がるまで待つ・111
6　修繕積立金は運用すべきか・112

第7章　賢く大規模修繕をした人たち

1　その見積りは修繕積立金を５００万円オーバーしていた・118
2　築39年のマンションを大規模修繕した・129
3　ネットで修繕業者を見つけて大正解・143
4　専有面積平均70㎡、30戸のマンションの大規模修繕事例・145

第8章　賢い大規模修繕の進め方

1　全体像の把握・154
2　概略スケジュールを決める・155
3　区分所有者の名簿づくり・157
4　情報収集・158

5　現状把握・160
6　基礎知識の周知・162
7　理事会で大規模修繕委員会を承認させる・164
8　大規模修繕委員の選出方法・167
9　推進方法の概要・168
10　区分所有者へのアンケート・169
11　施工方式の決定・170
12　大規模修繕業者の決定・174
13　業者による事前説明会の開催・175
14　大規模修繕工事中の注意事項・176
15　大規模修繕施工後の注意・177
16　理事会への報告・178

第9章　パートナーとの付合い方

1　コミュニケーションについて・180
2　節約できる費用について・181

3　見積りと相違が出やすい箇所・182
4　独自保証・瑕疵保険について・183

第10章　写真で見る大規模修繕……187

第11章　大規模修繕委員会　応援資料
①大規模修繕委員会　細則・208
②大規模修繕前アンケート・209
③色彩計画アンケート・210
④大規模修繕工事開始のお知せ・211
⑤大規模修繕打合せ記録・212
⑥大規模修繕完了アンケート・213
⑦スケジュール事例・214
⑧大規模修繕カレンダー・215

⑨　ガントチャート例・216

第12章　新築マンション分譲広告で修繕積立金をシミュレート……217

あとがき

参考文献

第1章　あなたは既に騙されている

1　修繕積立金のカラクリに騙されている

分譲マンションを購入される方の一番の関心事は、「毎月の支払額合計はいくらか」のようです。

多くの場合、借り入れての購入、一定額の給与からの返済です。借入れの返済に加え、その他に発生する毎月の支払いが多い場合、いくら気に入っても断念してしまいます。

マンションを分譲する会社は、売らなければならないので、「どのようにすれば、月々の支払いを軽く感じてもらえるか」に頭を絞っています。

また、分譲するマンションの管理会社は、マンション建設会社の子会社、関係会社ですので、その収益も確保しなければなりません。

区分所有者は、一般に月々の支払いとして、管理会社に2種類の費用を合計して渡しています（図表1参照）。1つは管理費（正確には日常管理費）、もう1つは修繕積立金です。

後々、この比率が問題になっていくことになるので要注意です。

管理会社の収益源は、月々、区分所有者が支払う「(日常）管理費」です。これは減らさずに、毎月の区分所有者の毎月の支払いを小さく見せるためには、

【図表1　区分所有者が管理会社に毎月渡す費用】

（日常）管理費 →管理会社の収益	修繕積立金 →管理組合の預金口座に預金

【図表２　マンション積立金のガイドライン】

回数/建築延べ床面積		平均値	事例の３分の２が含有される幅
15階未満	5,000㎡未満	218円/㎡.月	165〜250円/㎡・月
	5,000〜10,000㎡	202円/㎡.月	140〜265円/㎡・月
	10,000㎡以上	178円/㎡.月	135〜220円/㎡・月
20階以上		206円/㎡.月	170〜245円/㎡・月

出所：国土交通省「マンションの修繕積立金に関するガイドライン」より抜粋
http://www.mlit.go.jp/common/001080837.pdf

「修繕積立金」を少額にすればよいことになります。

ただ、少額にするだけでは、将来的には大規模修繕の費用が不足するので、「修繕積立基金」として分譲時に別枠でまとめて一定額を前払いさせる、これが「月々の支払いを小さく見せるカラクリ」です。

もっとも、この説明だけでは、ピンとこないかもしれません。その理由は、本当に将来的な経年劣化による修繕にいくらの費用が必要か、そして自分が毎月そのためにいくら払うのが適切なのかを知らないからです。

国土交通省の「マンションの修繕積立金に関するガイドライン」によると、㎡当たり約２００円は必要となっています。

これと分譲時に設定された修繕積立金を比較すれば、「(作為的に) 少なく見せかけている」ことがわかるのです。

修繕積立基金を支払うときには、マンションの頭金等様々な種類の多くの金額が動きます。

そのため、日常では大きな額であっても、そのときには麻痺していて、そのようには感じないことが大多数です。

分譲の様々な手続が終わり、入居するとき、実は数年分の大規模修繕表を支払い終わった状態になっているのです。

そして、入居より年月が経過すると、「修繕積立基金」（修繕積立金の一時払金）の存在を忘れがちです。

代表的なファミリーマンション、専有面積70㎡で計算をすると1万4，000円となりますが、多くの新築の分譲マンションは数千円に設定されています。「国土交通省のガイドライン」を知っている方は「安過ぎる額」、ご存知ない方は「それほど負担にならない額」と感じる支払いが続くことになります。

これでも、管理会社任せで1回目の大規模修繕を行っても、修繕積立金の中でほぼ賄うことができます。設備関係の修繕が含まれず、さらに外壁、屋上等も劣化が進んでいないことが主な理由です。新規に分譲されたマンションの場合、どうしてもコミュニティーが育っていないことが多く、当初、管理会社主導で進められることになります。

具体的な数値を出してのシュミレーションは第12章をご覧ください。

その延長線上で、大規模修繕も管理会社で契約を取ろうというのが筋書きです。2回目、3回目の大規模修繕は、経年劣化が激しく、修繕金額も増加してきます。

そして、1回目の大規模修繕で、大規模修繕基金も含まれた修繕積立金のほとんどがなくなります。このときに、〝通常〟の修繕積立金に戻ることになります。

すなわち、「修繕積立金の大幅値上げ」が必然的に発生することになります。その上、「国土交通省のガイドライン額」を最初から積み立てた場合より不足しているので、今後はこれを上回る額の修繕積立金が必要になります。

管理会社に支払う額は変更なしの場合、単純に月々管理会社に渡す費用は大幅アップとなるのです。

2　え！　マンションの図面、資料等が管理会社の中にある？

実は、長期修繕計画の見直しの前に行うことがあります。それは、今後のマンションを維持管理するための基本資料を揃えることです。これがないと現状の把握ができず、すべてが始まりません。特に難しいことではなく、マンションの分譲時、分譲会社が区分所有者の代表であるマンション管理組合・代表の理事長に渡しているはずの書類です。

これが揃っていない場合、すぐに分譲会社に提供の依頼をすることをおすすめします。もちろん、既に修繕を行った履歴があるのなら、その記録もともに保管すべきことはいうまでもありません。長期修繕計画作成だけでなく、大規模修繕、その他の修繕時には、必ず修繕業者が確認する大事な書類だからです。

そして、その保管場所は、「管理組合が占有権を持つ場所」であることです。最悪の場所は、「管

【図表3　管理組合が管理すべき資料】

・購入時のパンフレット
・設計図書、竣工図面
・意匠図 配置図（建物の配置や敷地との位置関係の図面）
・平面図（建物の各階の状況の図面）
・断面図（建物を垂直に切った断面の状況の図面）
・かなばかり図（建物の断面の状況の詳細な図面）
・外構詳細図（駐車場、植栽等の状況の詳細な図面）
・共用部分の詳細図（どの部分が共用部分かを示す詳細な図面）
・設備図（給排水衛生設備、ガス・電気設備、空調換気設備、防災設備等の状況の図面）
・工作図（機械式駐車場等の工作物の状況の図面）
・仕上げ表（仕上げに用いられている材料の内容の一覧表）
・仕様書（図面に表現できない建物・設備の状況を詳細に説明する書類）

理会社内」です。

今、日常管理業務（一般的には単に管理業務と呼ばれていますが、本書では明確に分類するため、このように呼びます）の委託契約を締結している管理会社は、交換可能な1外注業者です。

マンションの重要書類を1外注先に預けることは、管理会社交換時、管理組合が独自に直接修繕、リノベーション工事を発注する際の障害となり、管理会社の不要な介入を招くことになります。

「紛失に備え、管理会社で保管」は詭弁です。マンションのすべての情報を入手することにより、自社、自社グループの利益誘導に利用することを目的にしているに過ぎません。

管理会社内に保管されている場合、「人質ならぬ物質《ものじち》」に取られているも同然です。今すぐに管理組合の管理する場所に移動することを強くおすすめします。

具体的に管理組合が自らが専有する箇所にしっかりと管理すべき資料は、図表３のとおりです。

3　長期修繕計画なんてあってないようなもの

長期修繕計画とは、マンションの資産価値を保つため将来の経年劣化に伴い修繕が必要になると予測される部位、時期、その修繕費用を長期（通常30年以上）にわたりまとめたものです。

非常に重要な資料にもかかわらず、マンションの購入時には、販売業者は積極的に見せることはせず、購入者も閲覧を請求することはまれです。購入者には、多くの資料の中に「ひっそりと」入れて渡されます。

購入時には、生活環境の変化に対応、資金計画等で忙しく、その後はその存在までも忘れられてしまいます。じっくりと見る機会は、早くて分譲開始より数年後、コミュニティーが機能し、落ち着いてきたので長期的な取組みができるようになってきてからです。

この長期修繕計画に基づき、必要な時期に余裕を持って積み上がるよう計算された費用が修繕積立金なのに、その元資料に無関心というのはおかしなものです。

各戸で毎月支払う修繕積立金は、約30年にわたるマンションの経年劣化の修繕に要する費用の合計額を、専有面積、期間で按分して算出した金額のはずです。

これが大枠で適正か否かは、先に引用したマンション行政の監督官庁である国土交通省の出している「修繕積立金のガイドライン」と対比することで確認ができます。

そして、修繕積立金から逆算して、長期修繕計画で必要とされている合計費用が適正かを判断することもできます。

マンションの規模で差異はありますが、便宜上、計算しやすいように、マンションの区分所有者の総専有面積合計3、500㎡、約200円／㎡（国土交通省：大規模修繕ガイドライン）でシュミレーションをしてみましょう。

分譲から30年間で支払うべき修繕積立金は、3、500㎡×約200円／㎡×12か月×30年で計算できます。

長期修繕計画で30年間の総修繕費用がこの額と比較して大きく差異がある場合、何か特殊要因があると疑う必要があります。金額が大きい順に定期的にチェックすることで、具体的に定期的な見直しが可能となってきます。

例えば、現在が築10年の場合、今まで支払ってきた修繕積立金合計額（修繕積立基金を含む）を前記で算出された額より差し引くと、今後20年で積み立てていくべき総額を求めることができます。そして、それを20年×12か月で割って算出した額が、今後積み立てていくあるべき姿の月当たりの修繕積立金となります。

普段は、修繕積立金の総額の報告は受けていても、それで十分なのか、不足しているかを気にされる方はほとんどいません。大規模修繕等の大掛かりで多くの費用が掛かった工事を行った際に、修繕積立金の不足が表面化することになります。

後の項でこうなった場合の対応策は触れてまいりますが、このようにならないように、定期的な見直し、早期の修繕積立金の改定が必要です。

早期の改定ができれば、少額でも目標額の積立ができますが、期間が短ければ短いほど、その額が大きく、支払いが困難な区分所有者が多く出ることが予想されます。

本来、「月々に支払う費用の合計額、入居時いくら」だけを把握して、この額が継続すると思い込み、支払いが可能かの資金計画を立てるのではなく、長期修繕計画の必要修繕費、マンション行政の監督官庁の国土交通省のガイドラインから将来的な値上げをシュミレーションすべきなのです。

それができなかった場合でも、購入後すぐに確認されることがとても重要です。

4　長期修繕計画と修繕積立金の関係とは

長期修繕計画書は、前述したとおり、マンションの経年劣化を修繕するため、どの部位を、いつ、修繕することについて通常30年にわたり記載した書類です。

本来は、その費用も参考値レベルでも記載すべきですが、記載のないものもあるようです。

修繕積立金は、この長期修繕計画により、大まかな修繕時期、費用を基準として、その費用が余裕を持って積立ができるよう、逆算して、年月、専有面積で割り算出した額となっているのが本来の姿です。

分譲時の長期修繕計画は、早期に見直しを行い、適正な修繕ができる額であるかを確認する必要があります。

しっかりとしたものであれば問題はないのですが、あまりにも大雑把、修繕衝立金とのリンクも不明確な場合は、外部専門家に依頼して、つくり直しをすべきです。

費用はそれなりに必要ですが、将来の資産価値を保ち、経年劣化、突発的破損を修繕する余裕ある資金を確保するために、各戸が毎月いくら積み立てるべきかを算出する大事な業務ですので、これは投資と割り切り、出し惜しみをすべきではありません。

修繕積立金不足で必要な修繕ができずに資産価値が落ちるようでは、本末転倒になってしまいます。

5 修繕積立金の運用

結論は、「修繕積立金で運用は考えるべきでない」です。

修繕積立金は、定期的な大規模修繕の他に、突発的な破損に対する補修にも使う可能性もあり、これの修繕費用としてすぐに支払わなければならない場合にも対応する必要があります。

いつでも、すぐに支払いができる状態にしておく必要はありますが、キャッシュを手元に置いておくと防犯面も危険です。誰が、どこで管理するか、万が一のときの責任の問題までも考える必要が出てきます。また、小規模なマンションではあっても、ペイオフの1行の限度額1，０００万円は超えてしまいます。

手元にまとまった資金があり、直近では使う予定がない。次にまとまった資金を使う予定は10年後の大規模修繕、このような小規模マンションもあろうかと思います。

将来的な修繕積立金不足に備えて少しでも増やしたい……、そのお気持ちは理解できますが、修繕積立金は共有の財産であり、突発的な修繕を要するときにはすぐに出さなければならない、万が一にでも「損」を出すことが許されない資金です。

１００％の即換金性、利子はゼロ、安全確実、管理が簡単なら銀行の当座預金が最適です。利子はありませんが、預入限度額もなく、１００％保証、すぐに送金が可能です。

大規模マンションで億を超える資金がある場合、ペイオフを考慮して銀行を分散すればその管理だけでもちょっとした作業になってしまいますので、この手法を資金の1部に使うのもよいかと思います。

ある大手ディベロッパーの調査によると、管理組合の修繕積立金の預入れの割合として、①決済用銀行預金（31・９％）、②すまい・る債（23・２％）、③銀行定期預金（18・８％）、④銀行普通預金（12・２％）、⑤積立マンション保険（11・３％）、⑥国債等（１・７％）、⑦ゆうちょ銀行（０・

7％）、⑧信託系商品（0・3％）となっています。

本書をご覧になっていらっしゃる小規模マンションの管理組合さんの修繕積立金大規模修繕の直前の一番多く積み上がったときでも、億に達することはないと思われます。運用はせず、ペイオフを考慮して数行の銀行の普通預金口座に入れておけば、数冊の銀行通帳を管理するだけですみます。

6　建設業界のピラミッドが悪影響を及ぼしている

建築業界は、図表4のように特にゼネコンをトップとするピラミッド構造が顕著です。大規模な構造物をゼロから設計し、施工、監理するには、ゼネコンレベルの知名度、資金力、技術力、組織力を持つ業者でないと手掛けることができません。

このために、その部分的な施工能力しかない業者は、下請業者として組み込まれていく構造になっています。

このような大規模な施工に関しては、小規模な専門業者が大手の傘下に入り、特定の自社の施工可能部分のみを請け負うことに合理的な理由はあります。

ただし、自社で完結できる特定の施工を下請で行う合理的な必要性はありません。自社で営業し、自社で契約し、自社で施工を行えばよいことです。そして、本来、施主さんと自社職人を抱える施工業者と直接契約をするのが望ましい姿です（図表4参照）。

業者の規模、能力により、「自社でハンドリングできる施工」はありますので、マンション管理組合としてはご自身のマンション規模により業者さんを選ぶ必要が出てきます。

この方式は、本来不要な業者間の中間マージンがカットでき、管理組合・業者間の親密性が増し、何より業者の本来の職人魂をかけた施工が期待できる等々いいことずくめです。

ただ、残念なことに、現実的にこの方式が採用されることはまれです。

それは、管理組合と、業者の双方の思込みがこれを妨害しており、しかもこの事実にも双方が気づいていないからです。

管理組合は、無意識に「大きな会社＝有名会社＝万が一のときにも安心」、「小さな会社＝知らない会社＝危ない会社」と考え、大きな会社へ注文を出そうと考えてしまいます。

コンサルタントが入るときもこの心理を利用され、業者選定条件に大手業者しか該当しないような、資本金、施工実績、許可の条件を入れられ、自社でハンドリングできる実績ある中堅業者が排除されています。

一方、中堅業者のほうも、自社で能力に合った大規模修繕を希望する管理組合さんを見つけ、直接契約をする

【図表４　建築業界のピラミッド構造】

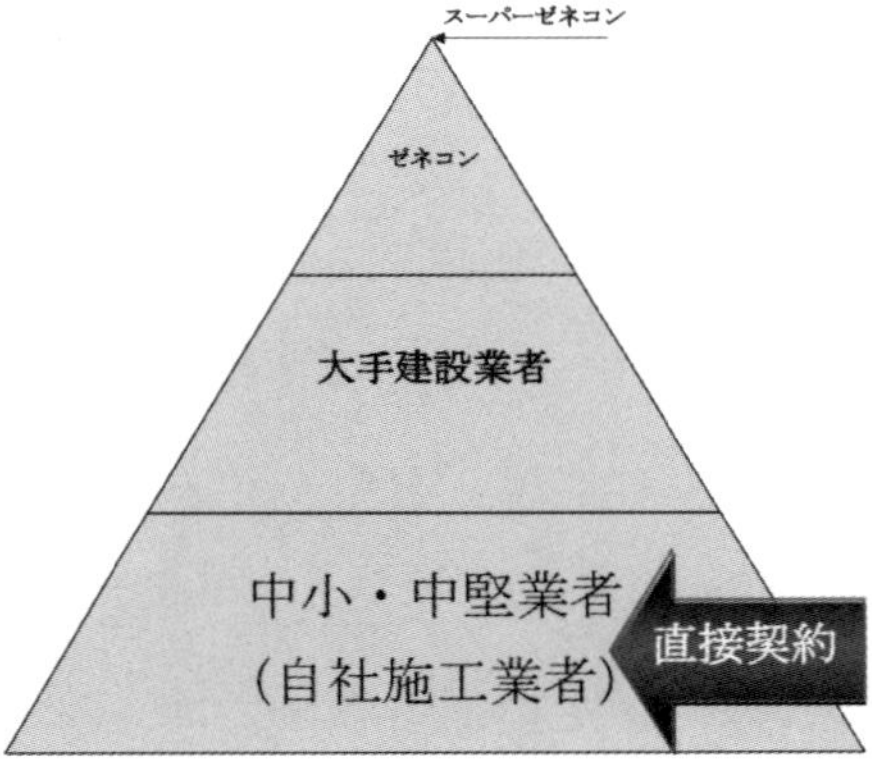

ことを半ば諦めている、自社の規模の会社は下請でしか仕事を得ることができないと、無意識に感じているようです。

中堅業者は、自社の施工能力をしっかりと把握して、その対象となる管理組合に堂々と営業をかけるとともに、管理組合さんは、「小さな会社＝知らない会社＝危ない会社」という思い込みを捨て、必要なリスクヘッジとしての保険をかけ、メリットを享受するため探す業者の幅を広げる―このことで双方に大きなメリットとなります。

小規模マンションの大規模修繕の現場で働く職人は、養生幕《ようじょうまく》（足場の外側に張る幕）に大きく大手業者の名前が貼り出され、ユニフォームの大手業者のものであっても、実質は一手に仕事を任されたその協力業者（下請業者）であることが大半です。

管理組合と中堅業者の間に大手業者が契約上入っていますが、入っていなくても、施工に一切支障が出ることがありません。実際に、中堅業者の名前は一切施工に関し出てはきませんが、施工自身は問題なく完了していることからもわかるとおりです。

元請業者も営利企業ですから、自社で手がけることなく下請業者に仕事を流す際、当然、利益を取ります。これが業者間の中間マージンと呼ばれるものです。ファミリータイプの分譲マンション50戸未満程度の規模であれば、実は資本金1，０００万円、自社社員10数人で十分にハンドリングすることが可能なのです。

ところで、先ほど、保険をかけると申し上げました。ここでいう保険とは、瑕疵保険です。

これは、マンション行政の監督官庁の国土交通省が、「良質の中古住宅の流通を促進する」ことを目的としてつくられたものです。

管理組合が大規模修繕を行う際に、施工業者が瑕疵保険に入っていれば、万が一施工完了後に瑕疵が表面化、不具合が生じても業者が対応できないとき、保険金が支払われ、他の業者が代わりに修繕ができるという仕組みです。

管理組合としては、「保険会社が保険を取り扱ってくれる業者」、「業者の万が一の事態にも対応』で守られるので、大手業者以外でも、直接契約を結び施工しても安全なのです。

また、この他にも瑕疵保険は、品質を保つための仕組みを持っています。これは、また後の章で触れます。

大規模なインフラ、構造物の新規建設における高度な技術を要する仕事は、多種多様の専門業者を束ねる必要があり、ゼネコン等の能力が絶対的に必要です。しかし、小規模マンションの大規模修繕は、中堅業者（自社施工業者）１社で完結できます。

ということは、直接契約したほうが「お得」ということになります。

7　長期修繕計画は管理会社の長期収益計画？

長期修繕計画は、マンションを購入された区分所有者にとって、資産価値を保つために定期的な修繕が必要であり、そのために捻出できるように毎月、全区分所有者で費用を積み立てるために欠かせないものです。

一方、それは、分譲時区分所有者が選んだのではないのに最初から管理会社に決まっていた分譲会社の関連会社の管理会社からの目線で見れば、間違いなく「長期収益計画」なのです。

多くの場合、毎月、管理会社が、「管理費の徴収」と同時に「修繕積立金収納の代行業務」を合わせて行っています。

また、分譲会社の関連会社ということもあり、長期修繕計画も区分所有者以上に熟知しています。「今、修繕積立金がいくらある」、「○年後には、いくら積み上がる計画」、「その頃はどのような修繕工事を行う計画」－これらのすべてを知り得る立場にあります。

これは、他のどの外部業者も知り得ない情報です。この情報をもとに、絶妙のタイミングで修繕を提案してくるのです。

「長期修繕計画では修繕することになっています」、「診断してみたところ○○でした（頼まないのに報告書）」、「修繕費用は○○です（頼みもしないのに見積書）」、「放置すると○○になります」、「修繕積立金は現在○○円です」、「修繕しませんか」。

何も考えない、怠惰な管理組合なら、「では、よろしくお願いします」となるでしょうが、本書を購入された意識の高いあなたのマンション管理組合は、そのようなことはないでしょう。

しかし、残念ながら、そうでない管理組合も多いのが事実です。

このような管理組合は、管理会社の提案されるがままに修繕を行い、長期修繕計画が管理会社の長期収益計画とされてしまうのです。

管理会社も営利企業ですので、収益の最大化を目的にしています。そのため、積み立てている修繕積立金を残さず使い切ることにより、この目的を最大限に達成できます。

将来的に不慮の修繕が発生し、その修繕が管理組合の手持ちの修繕積立金が不足、一時徴収が必要になっても、管理会社が困ることはありません。賢い管理会社は、長期的に自社の収益を確保するために、「現在の修繕積立金のままでは必要な修繕ができないので，値上げが必要」と報告するはずです。

管理会社が特に悪いことをしているわけではありません。管理会社は、「提案」をしているだけです。決めるのは、管理組合自身です。

時間になるとベルが鳴って起こしてくれる目覚まし時計を利用する方も多いと思います。便利です。管理会社を、マンション管理の「タイムキーパー」代わりと考えるとよいのではないでしょうか。

もうすぐ10年、そろそろ大規模修繕の時期です。修繕積立金は○○万円あります。

給水管交換の時期です。修繕積立金は○○万円あります。

管理会社の提案は、目覚まし時計のベルと一緒です。このベルは、セットしなくても多少早く鳴る仕組みになっています。これを余計なお世話と考えるのではなく、「情報提供ありがとう」くらいの気持ちで受け流すのが賢い方法です。

仕事を取りたいため、早め早めに提案をしてくるので、それを「きっかけ」に検討開始で、十分に間に合います。

もちろん、しっかりと完全に長期修繕計画を適宜チェックを行い、管理組合名義の口座の預金額、修繕を要する箇所、その修繕費用、時期を把握されているなら、このような管理会社からの情報など不要です。

現実的には、そこまで完全に管理組合では管理はできませんので、管理会社からの情報をうまく利用するのが賢い方法といえます。

ただし、この後の動きが、「賢い管理組合」と「そうでない管理組合」の分かれ目になるのです。「建設に関する知識がないので、管理会社にすべてを任せるしかない」、「マンション建設会社と同一グループの管理会社に任せておけば安心」、便利な生活を手に入れるためにマンションを購入されたので、煩わしいことはすべて管理会社にお任せ―これらも1つの選択肢であり、修繕積立金の範囲内であればお任せというのも価値観によりこれもありと思います。

もちろん、本書を手に取られていらっしゃる賢い管理組合は、管理会社が出してきた見積書をそのまま、何の比較、検討もせずに発注をするようなことはしたくないというのが本音と思います。

細かな日常管理、修繕は、事前に範囲を指定して管理会社に権限を付与し、事後報告でもよいでしょう。しかし、費用が大きく動く案件には、管理会社の提案を真剣に比較、検討がおすすめです。

ちなみに、設備系で必要な定期検査の名称、根拠法、頻度は、図表5のとおりです。

【図表５　設備系で必要な定期検査】

検査名	根拠法	実施・報告等
建築設備定期検査	建築基準法	1回／年
昇降機定期検査	建築基準法	1回／年
消防設備等の点検及び報告	消防法	実施：1回／半年、報告：1回／年または3年
簡易専用水道設備の点検と清掃	水道法	1回／年　水質検査：異常を認めた時

このようなものは、管理会社にお任せのほうが簡単です。

問題は、具体的にどのようなアクションを取ればいいかがわからないということと思います。解決策は、意外とシンプルで、相見積りを取る、提案を募る、質問をするです。この相見積りの取り方については、後で詳しくお話しします。

8　毎月管理会社に渡しているお金はいったい何？

名称としては、（日常）管理費と修繕積立金とご存知のことと思います。ただ、本当に腑に落ちているかといえば、そうは思えない点が多々見受けられます。多くの管理組合の方とお話をするうちに、あることに気がつきました。

それは、現在の分譲マンションの以前に賃貸マンションにお住まいだった方が多いということです。

鉄筋の集合住宅であること、管理会社がついていたこと、管理会社に毎月お金を渡していたことなどは、分譲マンションにおいても同じことが継続されています。

賃貸マンション時の管理会社は、オーナーの代理人、オーナーがつくった規約を契約者は守り、毎月家賃を支払ってきました。ある意味、管理会社のほうが自分より（オーナー代理として）上という意識を持っていたことと思います。

潜在意識のどこかで、まだ、これが抜けていないのではと考えるようになりました。

このように考えると、区分所有者さんの不可解な行動、考え方の謎が解けてきます。

修繕に無関心なのは、賃貸マンションでは所有者でないので関与していなかった、管理会社の雇用者はオーナーだから会社はもちろん担当者変更も要望できない、管理会社に頭が上がらない、お世話になっている。区分所有者、すなわちマンションのオーナーとして、管理会社を雇っている、所有物の将来的な経年劣化を修繕する費用を全区分所有者と共同で積み立てていることの実感が薄いようです。

長年の習慣はなかなか抜けないものですが、ある意味、管理会社のほうもこの習慣が抜けないことを利用しているようにも見受けられます。

大事なことなので、繰り返します。

【図表６　分譲マンションで管理会社に毎月渡す費用の内訳】

（日常）管理費	修繕積立金
➔管理会社の収益	➔管理組合の財産

賃貸マンションで毎月管理会社に渡すお金はオーナーへの家賃ですが、分譲マンションでは、（日常）管理を行う契約を結んでいる1外注業者で、管理会社への月額の給与である「（日常）管理費」、マンションの将来的な経年劣化を修繕するため全区分所有者が毎月積み立てている「修繕積立金」です（図表6参照）。

これは管理組合の口座に収納する目的で一時的に預かっているだけです。同じタイミングで合計して支払いを行う場合、全く性格の違う別々の費用ですが、認識があやふやになりがちです。

前にも同じような図が出てきました。それとは、（日常）管理費と修繕積立金の割合が異なっています。

本来は、同額、または修繕積立金が多い状態が正常な状態なのです。マンションも年数の経過とともに修繕を要する箇所が増えるので、徐々に修繕積立金が増え、分譲時支払った修繕積立基金も大規模修繕で使い果たした後は、本来、積立すべき金額になっていくしかないのです。

割高感のある（日常）管理費については、「使い捨て」なので、可能な限り圧縮し、「預金」である修繕積立金に充当することが将来の大規模修繕で修繕額が不足することを防止してくれます。

1戸、1か月、1，000円でも、期間と戸数を掛け合わせた額になるので、影響力はとても大きくなります。

修繕額積立金の増額と合わせ、管理費の削減も合わせて行うことで、効果は大きくなります。

9　本当の自社施工業者が見つけられない理由

管理組合さんと業者の意識については前述しました。これらに加え、もっと端的に物理的な理由も存在します。

まずは、自社施工業者が、なぜ、管理組合と直接契約して元請とならないのか。それは、「当社の規模では元請になることは無理」と諦め、管理組合さんへの認知に繋がる行動を何もしていないことが原因です。

そのため、広告も出そうとせず、ホームページに力を入れようともしません。また、これをさせないような元請からの圧力もあり、自社で独自に集客を始めると、「仕事を回してもらえなくなる恐怖」で積極的な動きに出づらいようです。

さらに、下請の仕事というのは、特に工期が長い工事となると資金繰りが苦しくなります。材料仕入、社員の給与等々、施工に要する費用は先行して出さなければなりませんが、肝心の代金の回収が元請経由のため、どうしても遅くなってしまうのです。

これを補うために、資材の調達費用が安く、施工期間が短く、支払サイトが短い戸建て塗装を入れたがるのです。これなら、１か月でキャッシュが手に入るからです。

これに関しては、元請の縛りもなく、ホームページも広告も自由に出せるので、これを行うことになります。このことが、管理組合さんが実績ある中堅大規模修繕業者を発見しづらくもしています。なぜなら、戸建塗装専門業者と内容が同じになってしまうからです。

戸建塗装専門業者なのか、マンション大規模修繕と戸建塗装を半々に行っている業者さんかは、ホームページだけでは判別がつかないのです。

ホームページに大規模修繕を大々的に掲載し、広告を出すような会社は、確かに大規模修繕の施工業者ではありますが、元請業者として注文があったときに協力業者（下請業者）に流す業者ですから、純粋な自社施工業者ではありません。これも簡単には、中堅の自社施工業者を見つけられない理由になっています。

当社では、このような業者さんを多数登録いただいております。そして、運営するサイトの趣旨に賛同する管理組合の役員のみに、無料で紹介をさせていただいております。

「どのようにして探した？」とよく聞かれるのですが、実は探したわけではありません。サイトをよく読み込まれ、趣旨にご賛同をいただいた業者様のほうよりお申込みを頂戴し、その際に中堅の自社施工業者さんであることがわかるというわけです。当社も、特に探したわけではないので、正直にこのように回答することにしています。

この方法の場合、業者さんは、広告も出さず、ホームページも持たず、受注できれば元請として仕事が受けられるようになりますので、喜んで見積りに参加していただいております。

広告を出すことも、実は大きな心理的な抵抗なのです。特に広告を出したことのない代を重ねた中堅業者さんにこの傾向が強いようです。

広告の特性として、当たり前過ぎるほど当たり前のことですが、出さないと集客することはできません。とはいえ、出したからといって、すぐに集客できるわけではありません。当初は、事業でやっと得た利益を注ぎ込み、何の効果もない期間を経験し、試行錯誤の上、少しずつ集客できるようになっていきます。

この踏み込むことへの心理的抵抗と、効果が出るまで続けることができるか否かが分かれ目になることは、実行して集客に成功した業者しかこの事実を知ることができません。これがもう1つの障害といえると思います。

もちろん、相見積り、即受注に結び付く保証はありませんが、公募のように10社以上がエントリーするような激烈な競争状態と比較をすると、数社の中よりの選択となりますので、選ばれる確率がはるかに高いことだけは確実です。

小規模マンションでは、区分所有者が少ないので、確率は低いのですが、管理会社の推薦業者の他に、知合いに大規模修繕を手掛ける中堅施工業者がいる場合、その業者も1業者として選定の候補にすると効果的です。

逆説的に、集客に広告費を使っていない業者がそれで集客ができれば、利益率が飛躍的に高まりますので、その1部を還元してもらうことで、費用対効果の高い施工を期待できます。

マンション内で募集をすることで、1部役員が勝手に業者を決めたと後から後ろ指を差されないためにも、ぜひ、実施することをおすすめします。

分譲マンションは、賃貸マンションと違い、そう簡単に移動はできませんので、人間関係を壊さない慎重な対応が求められることになります。

10　小規模マンションで修繕業者を公募すると割高になる理由

小規模マンションでは、修繕業者を公募で募集すると割高になるケースがほとんどです。

理由は、主として次の⑴⑵の２つです。

⑴　設計監理方式を採用、コンサルタント費用が施工費用と別に発生

施工方式には、大きく分類すると責任施工方式と設計監理方式があります。

前者は、主に施主（この場合小規模マンションの管理組合さん）が主体になり施工業者を選定、その業者に施工一切を任せる方式です。

後者は、コンサルタントが入り、業者選定、工事の監理を行う方式です。施工費用の他にコンサルタント費用が必要となります。

後者の方式は、大規模マンション等に適した手法で、区分所有者が多く、意見集約が困難、そして、規模が大きいのでコストダウンの余地も大きいためコンサルタントの費用を余計に支払っても十分に回収できるので広く用いられています。

ただ、小規模マンションの場合、大規模マンションよりこのコンサルタントの費用は小さい分安くはなりますが、基本的な業務は一緒なので基本料金は同一です

大規模マンションと比較した戸数が10分の1であっても、コンサル料金は10分の1にはなりません。1戸当たりの費用が割高となる上に、マンションの規模が小さいのでコストダウンの余地が小さく、コンサルタントを雇う費用の費用対効果が低く、コンサルタントを入れると大規模修繕にかかる総費用が上がる可能性が非常に高いといえます。

(2) 公募時に施工業者に一定の条件をつける

公募時に施工業者の条件をつけ、これを満たせない業者の応募を断るスタイルが大多数です。俗に「足切り」と呼ばれています。

新聞、インターネットの公募サイトでの公募を行うことが一般的です。ただし、管理組合さんが主導で、施工業者を募集する際も、この自社施工業者を排除する目的の「足切り」を本来の目的

を見抜くことができずに真似ることが多く、せっかく管理組合主導の最大のメリットを結果的に投げ出す形となっていることに気がついていません。

これにより元請のみをノミネートし、談合で業者を内定した後に、下請から中間マージンを取り、工事一任というのが一連の流れになります。これは、コンサルタントを入れると決めた瞬間からこのレールに乗ったことになります。

公募自体が中堅の自社施工業者を排除することを目的としていることに加え、中堅の自社施工業者は、例外的に条件を満たしたとしても、ほぼ応募はしません。

大きな理由は、提出書類の多さ、拘束時間の長さ、受注確率の低さです。

もともと営業が1、2人しかいないケースが多く、他の案件の数倍以上の時間を取られる上に、多くの業者が応募し、失注ともなると目も当てられないからです。

典型的な募集条件は、次のとおりです。

①　資本金は5，000万円（1億円）以上

自社施工業者の多くの資本金は、1，000万円～2，000万円のために、十分な経験、能力があっても参加条件に合わなくなります。（広告を多く出して）有名な会社、資本金が大きい会社＝安心な会社、（広告をあまり、全く出さず）資本金が小さい＝危険な会社のイメージがあるので、施工業者は大きな会社がよい→それを具体化すると資本金5，000万円、または1億円以上という流れです。

つい先日も、横浜斜傾マンション建替えが話題になりました。これで、大手であっても手抜き工事はあり得ることが明らかになりました。大手だから安心は、もう過去のものとなってしまったようです。

資本金が大きいから安心、小さいから心配、これはイメージに過ぎません。資本金は、常に形を変えており、会社の金庫に何時も資本金という現金あるわけでないことは常識です。大規模修繕と資本金の関係の本質は、「大規模修繕後、隠れた瑕疵が表面化したとき、その会社が倒産していて対応できないと困る」が資本金と結びついています。

「隠れた瑕疵が表面化した場合、その会社が倒産して修繕ができないときは保険金が出る」なら、作業算定条件を引き下げても問題は発生しないことになります。この仕組みは、「瑕疵保険を施工業者に付保させる」だけで達成することができます。

また、この瑕疵保険の契約を業者より申し出るか、そして契約できるかでその会社の姿勢、状況を客観的に判断することができます。

瑕疵保険は、マンション行政の監督官庁である国土交通省が進める政策「良質の中古住宅を流通させる」目的を達成するためにつくられたものです。修繕する業者が万が一のとき、管理組合を保護することでその目標を達成しようというものです。

「完成保証」を宣言する業者もありますが、これは瑕疵保険とは全く違います。複数の業者が協定を結び、施工業者が施工中万が一施工できなくなった場合、加盟の他社がその後を引き継ぎ完成させることです。竣工後の瑕疵は対象外になります。

コンサルが入る設計監理方式では、施工中、1週間に1回数時間現場を見て回ります。しかし、この監理と、基本的に施工中は現場に留まる現場責任者とは全く異なります。

そして、自社で監理はしても、必ず瑕疵保険には入ることが必要です。それは、万が一の瑕疵が発生した場合、施工会社が修繕をする能力がなくなったときの金銭的責任を取ることができないからです。

大手業者に大規模修繕を依頼しても、実際施工するのは、一括で委託されたその傘下の協力会社（下請業者）の中堅業者です。ということは、自社施工業者と直接契約を締結して、瑕疵保険を掛け、万が一の備えをしつつ、元請−下請業者間の無駄な中間マージンをカットする方法が一番理に適った方法となるわけです。

②　年間施工実績〇〇地域にて〇件以上

実績が多い業者は安心できる。多いほうが経験も豊富。それは、同じ会社が実際に施工をすることが条件です。元請の場合、複数の協力業者（下請業者）に一括依頼をして、それを実績とすることができます。

協力業者（下請業者）を多く傘下に持つような元請業者の施工実績は、自社施工業者の数倍あって当然なのです。1年12か月の中で、小規模なマンションとはいえ、全工程を行うと4か月は必要になってきます。

【図表７　公募における募集要項（足切り条件を含む）事例】

ある大規模修繕工事(53戸)　業者公募条件

【応募条件】

①原則として●●圏内に本・支店・営業所のある、特定建設業許可を受けた建設業者。

【特定建設業許可の要件】
・1級建築施工管理技士又は1級建築士が常駐、・資本金2，000万円以上、・自己資本4，000万円以上、・流動比率75%以上、欠損の額資本金の20%を超えない事

②資本金が、改修専門業者にて1億円以上、総合建設業者にて5億円以上。

③●●圏内において、過去3年以内(平成23～25年完成予定含む)に分譲集合住宅の大規模修繕工事を15件以上元請施工の実績がある事。
※(戸数50戸以上 又は工事請負金額5,000万円以上の物件に限る。)

④現場代理人として、分譲集合住宅の大規模修繕工事の現場管理を5年以上経験した、監理技術者が常駐できる事。

■　その他、以下の書類の提出義務
①見積もり参加依頼者②会社概要③分譲集合住宅大規模修繕工事実績表(過去3年間、発注者、工事金額、建物規模等)④直前3期分の決算報告書⑤直近の経営事項審査結果通知書⑥予定現場代理人の経歴書⑦有資格技術者数リスト⑧建設業許可証の写し⑨その他(各社PR資料等)提出図書

このような理由で、自社施工にこだわればこだわるほど、施工件数が多く取れないことになるのです。

③　特定建設業許可を有していること

一見すると、建築業の許可を持つことを応募条件に入れることは当たり前のようにも思えます。ただし、この場合に注意すべきは、「特定」がつくということです。「建設業許可」と「特定建設業許可」は、文字的には似ていますが、全く性格の異なる許可なのです。

普通の建設業許可は、一契約につき4，000万円以下の工事しか請け負うことができないのに対し、特定が入るとこれ以上の施工が可能です。4，000万円を超えないような大規模修繕ならそもそもこの指定は不要で、入れることで自社施工業者を排除することになっていきます。

小規模マンションでは、給排水管の更新等の設備系が入ってこない限り、この額を超えないケースが大多数です。また、1契約についてですので、分割すれば問題なく受注はできます。

例えば、「排水管更新工事　3，000万円」と「外壁、屋上等防水工事　3，000万円」を合計すると6，000万円ですが、建設業許可で対応は可能です。

もう少し大きな案件になると、「Y評点○点以上」という経営状態を数字化した指標で指定をすることもあります。公共工事等でよくこの方式が用いられます。実は、この評価は、公共事業に参画していない業者はこの評価を受けていませんので、その点数を持ってはいません。

したがって、この条件をつけると、過去に公共工事をやったことのない業者の排除となります。公共工事の経験など全く無関係のマンション大規模修繕にこの条件をつける合理的な理由は見当りません。

本書は、小規模マンションに特化しているので、これについては割愛します。

11　大規模修繕無料セミナーの「裏の目的」

小規模マンションの管理組合において、大規模修繕を行う年に責任者になった方が大規模修繕の知識がない場合、調査をしようとしてもその時点では調査予算が出ません。そのため、まずは勉強と、無料で参加できる「大規模修繕セミナー」に参加される方がいます。

ところで、セミナーを開催するためには、会場を準備する、人員を確保する、何よりセミナー内容、進行をどうするか等少なくはない時間、費用がかけられています。

その参加費を無料にする目的は、ズバリ「集客」に他なりません。多くは、コンサルタント会社主催、「大規模修繕は建設の知識がないとできない」、「現場での監理は必要」、「業者選定等も意見集約も難しい」、「プロの私たちにお任せください」のスタイルです。

次のステップとして、後日、理事会に専門家として呼ばれ、一般的なアドバイスを行います。そして、ポイントは、コンサルタントにかかる総額を最後の最後まで明かさないという手法を取ってくることです。

当初、個別の業務ごとに価格を出し、それほど高くない費用を提示します。それが認められると、その次の業務も、の流れとなります。

気づくと、総額で数百万円にもなっているという仕組みです。施工業者に支払う費用の他に、これだけの費用が必要になってしまうのです。

コンサルタントの費用は、基本料金にマンション規模に応じて料金を追加していく方式です。小規模なマンションではあっても、大規模なマンションと同じような基本料金がかかります。大規模マンションの戸数の10分の1だからコンサルタント料金も10分の1とはなりません。小規模マンションの場合は、戸当たりの負担額が大きくなる傾向にあります。

また、マンションの規模が小さい場合、コンサルタントが入り、修繕業者を複数社競合させてのコストダウンを狙っても、総施工金額が小さい分コンサル費用以上のコストダウンは中々難しいというのが現状です。

このことは、コンサルタント契約を結び、公募を行い、業者選定する段階に差しかかったときにわかりますが、既に後の祭りです。

無料大規模セミナーでしたが、結果は、すごく高くつくことになります。

マンションの規模、コンサルタント料金にもより一概には言えませんが、平均的なファミリータイプのマンションの場合、最低50戸程度はないと採算割れするのではないでしょうか。

もっとも、戸数が少ないということは、悪いことばかりでもありません。人数が少ない分、お互いの顔も覚え、コミュニケーションが取りやすいというメリットもあります。

大規模なマンションの場合、普段顔も合わせない、いわば他人が多く集まり様々な意見が出て来ます。それをまとめることは、かなりの指導力、経験が必要になります。

これを行うために外部からプロを雇うことは、合理的ではあります。ただ、小規模でコミュニケーションが取れる環境なら、プロレベルの能力はなくても対応はできます。

12　大規模修繕無料セミナーの賢い使い方

では、「参加するとコンサルタントの売込みにかかるので行かないほうがよいか」－これも、ケースバイケースです。

会社でプロジェクトを開始するときには「調査費」が出ます。必要な情報を素早く得るために、書籍を購入、調査会社に依頼することは一般的なプロセスです。しかし、マンションの大規模修繕プロジェクトの場合、よほどしっかりとしたところでないと「調査費」は計上されることはありません。小規模マンションの場合は、ほぼ見込めません。

セミナーの主催者側は、このような状況を、十分知った上で、大規模修繕無料セミナーを開催し、集客を行っています。参加のメリットとしては、複数人で参加することで全体の流れがわかること、それを共有することができることです。デメリットとしては、「このような難しいことは専門知識を持っていないとできないことだ。専門家に任せないといけない」と洗脳されてしまうことです。

これを踏まえ、①瑕疵保険について調べる、②小規模マンションの管理組合主導で大規模修繕を行った体験談をインターネットで探す、③（購入すると費用が発生するので）図書館で大規模修繕関連の本を読む、④建設業界の元請、下請、談合について調べる、⑤コンサルタント契約の具体的内容・合計金額 について調べるといった事前準備により知識を得た状態、理論武装した状態で参加することが賢い参加の仕方となります。

そして、その知識とセミナーでの整合性がないことについては、セミナーの場で具体的に質問することが最も有効かつ効果的です。

第2章　管理会社に騙されて泣く人たち

1　マンションは特殊構造物？

マンションは、日常的によく見る特に珍しくもない建物ですが、建築基準法で特殊構造物とされています。

建築基準法2条2項では、「特殊構造物」を次のように定めています。

「二　特殊建築物　学校（専修学校及び各種学校を含む。以下同様とする。）、体育館、病院、劇場、観覧場、集会場、展示場、百貨店、市場、ダンスホール、遊技場、公衆浴場、旅館、共同住宅、寄宿舎、下宿、工場、倉庫、自動車車庫、危険物の貯蔵場、と畜場、火葬場、汚物処理場その他これらに類する用途に供する建築物をいう」

この中に、しっかりと、「共同住宅」であるマンションが含まれています。この建物に共通するのは、「多くの人が集まる、または留まる、または泊まる」、「火災時の重大な被害が発生する可能性がある」、「周囲に与える影響が大きい」です。

これに該当する建物は、各種設備の定期報告、そのための定期点検が義務づけられています。これは、所有者の責任で、マンションの場合は、所有者代表である管理組合の義務になります。

管理会社とは、本来所有者が行うべき業務を代行することで成り立っています。多くのマンション管理組合さんは、この点検、報告業務を管理会社に委託していますが、本来は管理組合さんが実施すべき義務なのです。

2　管理会社って何をする会社？

管理会社の存在意義は、建物を維持管理していくのに必要なことをオーナーの委託を受けて代行することです。その業務の1つに、「点検&報告義務の代行」があります。

もちろん、管理組合自らすべてを行うことも可能で、これは「自主管理」と呼ばれています。オーナー自ら建物の維持管理に必要なことをハンドリングして把握し、外部に依頼するのか自ら行うのかを分別して行えば、管理会社を雇わず、管理費を安く抑えることも可能となってきます。

管理会社が行っている主な業務は、図表8のとおりです。

【図表8　管理会社の主な業務】

①　事務管理
管理組合会計出納、理事会、総会の支援、建物、設備の維持修繕の提案

②　管理業務
設備等の点検、各種立会い、報告事務

③　清掃
日常清掃、特殊清掃

④　建物・設備の管理業務
建物検査、エレベータ検査、給水設備検査、浄化槽・排水設備検査、消防設備検査、機械式駐車上検査

管理会社は、オーナーである管理組合からの委託により、建物、設備の管理を対価を受けて行う交換可能な1外注業者です。

マンション管理組合は、主体性を持って、自らのマンションの資産価値を保つことを常に考える必要があり、全体像を把握、必要に応じて管理会社を使うことになります。

管理会社が他の外注業者より厳重に遵守する必要があるのは、理事会に出ることです。それにより、情報収集、管理組合口座の出納で予算が把握されているからです。これは、管理組合から見れば、既に、外堀が埋まっている状態です。

したがって、管理組合は、管理会社をしっかり管理しないと、管理会社に管理されてしまいます。

3　マンション建設～建替えで収益を最大化する方法とは

マンションは、建設されると区画を区切って分譲を開始します。そして、管理方式が管理会社全部委託方式に決まっていれば、その管理会社は建設・分譲会社の子会社に決定していることがほとんどです。管理会社としてずっと関係を保つことで、マンション情報を入手し、管理費用が毎月入

り、定期的に行う修繕の仕事にも関与することにより手数料を得ることができます。最後に取り壊し、再建築の際にも、どの他社よりも情報を早く入手できるので、有利に商談を進めることが可能です。しかも、いくら管理組合に資金があるかも把握しています。

マンション建設会社グループは、最初から最後までマンション管理組合から継続的に収益を効率的に上げることを最大の目的としています。

それを達成するために何をすればよいか。それを考え抜いたものが現在の業務内容なのです。

「管理組合口座の出納」は、手数料を得るためもありますが、「今の預金額はいくら」、「〇年後は〇円くらいに積み上がる」を把握するという目的もあります。それらの情報を親会社へ報告することは想像に難くありません。

「理事会、総会支援」は、マンションの意思決定機関に入り込み、情報を収集するに最適の場です。議事録作成の名の下、堂々と参加、信じられないことに利害関係のある大規模修繕の業者選定の席にまで居座るのが通例です。

このような場面は、管理組合さんが、「席を外すことを要求する」、「別途、席、日を改めて管理会社を入れない場で打合せをする」ことが必要です。

各業者平等な立場でこそ競合をさせられるのであり、管理会社経由で選考情報が漏れれば、意味のないものとなります。

これに関連して、見えにくいところに「役員の輪番制、一括交代」があります。管理組合の役員になれば、月に数回は時間を取られます。自身で仕事を持っていれば、忙しい中、その他に時間を取られるので、できれば辞退したいという方が多いということを利用して、管理会社は最初から管理規約にさりげなく輪番制を入れるのです。

マンションの長期的な視点に立ち、資産価値を保つためにはどのようにすべきかを考えることができない仕組み、これこそが「輪番制、1年一括交代」の真の目的なのです。

役員になり、一定の引継ぎは受けても、すべては初めての業務になり、すべてを前任者に聞くこともできません。そのために、管理会社に頼ることになり、管理会社主導で理事会、総会が進められるようになります。

マンション管理に精通した、資産価値の維持を真剣に考える区分所有者が役員になっている間は息を潜め、1年が経過するまで管理会社に不利なことは保留します。しかし、その次の期にはその役員は退任します。前述のように100％の引継ぎはないので、ウヤムヤのうちに終わらせることも十分可能となるわけです。

これに対抗するためには、管理組合で役員の任期を最低2年、半数以下の入替えに変更をすることが必要です。このようにすることで、いつでも1年以上の経験を持つ役員が議事に関与できるようになり、1年間前任者と一緒に業務を行うことにより、引継ぎ漏れを防止できる確率が向上するのです。

「修繕の提案」も、マンション建設業者関連グループ（管理会社も関連会社）の施工業者に注文を誘導するために有効です。

長期修繕計画では時期を、修繕積立金出納業務では予算を把握しているので、他外注業者より有利、絶妙のタイミングで、しかも、管理会社として区分所有者の勘違いを利用して、賃貸マンションの場合と同じように接することにより確率を高めようとします。

このような場合、「管理会社が修繕のタイミング、現在の管理組合の修繕積立金の現状、一番割高な参考修繕費用情報を無料で提供してくれてありがとう」と考えるのが、賢い管理組合の対応です。修繕費用を支払うのはあくまでも管理組合、業者選定の権利は管理組合、「提案」は手数料収入を狙っての管理会社の営業に過ぎないからです。

蛇足ですが、新築マンションが区画を区切って募集をする理由をご存知でしたか。対応する営業マンに限度があること、少数区画を売り切ることでプレミアム感を出すこと－これが目的のようです。

4　管理会社が知っていいこと、知らせてはいけないこと

しつこいくらいに、「管理会社は、交換可能な1外注業者」ということを申し上げています。

管理会社は、代行、支援業務を通じて、どの外注業者、いえ、役員以外の区分所有者よりもマンションの意思決定機関の理事会のこと、修繕積立金のこと、長期修繕計画の情報を総合的に、合法

的に入手しています。

しかし、管理会社の提案のすべてが、管理するマンションの資産価値を保つにはどのようにすればよいかを考えて提案してくるわけではありません。したがって、管理組合は、あくまでも、他人所有のマンションから自社の利益を最大化するためにどのように対応するかと考えていることを前提に、管理会社に接するべきなのです。

すべての情報を管理会社に知られてはいけません。最後の一線、すなわち、大きな支出を伴う案件に関して、管理会社の提案は受けてもよいが、提案を受けたその瞬間から管理会社はその案件の候補会社の1社となります。その1社にのみ業者選定情報を提供することは、相見積りを他外注業者にも出している以上ルール違反、モラルに反することになります。

業者選定の議事も、一般の議事の記録を取ることを名目に管理会社が参加することがありますが、この議題のときには席を外してもらう、または別の管理会社がいない機会に話合いの機会を設けることが必要です。

近い将来修繕積立金の大幅値上げが必要ないことが客観的に明らかな、修繕予算の潤沢なマンションの資産価値は高まります。大きな支出を伴う案件の業者選定は、管理組合さんにとって最大の権利行使の機会です。

資産価値を最大化するには、各社に平等に機会があり、優れた提案（見積り）をしたところに発注を行うことを宣言し、有言実行することです。

業者さんも、多くの管理組合さんを見ていますので、「この管理組合さんは管理会社に管理されている」、「この管理組合さんは自主性を持って運営できている」ということがやり取りしていくうちにわかるものです。

特に、現地調査等の相見積りを出す前の対面の場合、言語によるコミュニケーションは当然のこととして、この他に言語によらない感覚を総動員して、「この見積り依頼は公正な条件なのか」、「管理会社に発注が決まっていてその価格を下げさせるためだけの見積り依頼なのか」を確認しようとします。

少し話がそれますが、この言語によらないコミュニケーションを「ノンバーバル・コミュニケーション」といいます。興味深いことに、話の内容より影響を与えるものがあるとのことです。

具体的には、1位が顔の表情55％、2位が声の質（高低）・大きさ・テンポ38％、やっと3位で話す言葉の内容とのこと。

管理組合が自主性を持って、公平な条件のもと、真にマンションの資産価値を保つ最良の提案をしてくれた業者に注文を出すことを各業者の顔を見て真剣に話すことで、業者のほうも「勝負価格」を出してくるのです。

「管理会社に発注が決まっていてその価格を下げさせるためだけの見積り依頼」と感じさせてしまうと、「見積り工数の無駄」と考え、見積りの辞退になる可能性もあります。

業者にとって、管理組合の大きな支出を伴う案件は、大型だけに、相見積りするだけでもそれなりの工数、人件費を要するのです。

これを踏まえた上で依頼し、結果はいつまで出す、これを守り、お断りも丁重にすることで、次の他の案件に今度は管理組合さんが直接見積り依頼を出すことができるようになります。

5　駐車料金を横取りされていることを誰も知らない

駐車料金は、どのように決めていますか。すべてのスペースは埋まっていますか。

最近、分譲されるマンション、特に駅前の場合、駐車場が全戸分はないケースが多く見受けられます。以前は、全戸数分の駐車スペースがあることがセールスポイントになっていましたが、時代は変わりました。駐車スペースを少なくして、カーシェアを導入しているマンションもあります。

マンションの経年劣化と同じように住む区分所有者も一定の出入りもあるでしょうが、確実に平均年齢は上がっていきます。そして、高齢になれば運転も困難になるので、車を手放す方が増えていきます。

この他に、マンションの駐車料金は高いからと、近隣の安い駐車場に入れる区分所有者も出てくれば、マンション駐車場の空きが多くなり、駐車料金も中々集まりづらくなります。

これは、これで問題なのですが、駐車場のタイプにより、より深刻なダメージを受ける場合があります。

駐車場のタイプは、大きく分けて「自走式」と「機械式」があります。自走式は、駐車場内の自動車の移動を運転者が運転して動かす方式です。機械式は、もっぱら駐車場内の移動を機械によって行う方式です。

台数が減少すると打撃が大きいのが、「機械式駐車場」です。

機械式駐車場は、狭いマンションのスペースを有効に使い、多くの車を駐車させることができる、駐車場内の移動を運転者がしなくてもよいというメリットはあります。しかし、この機能を維持するためには、それなりの点検が必要です。また、老朽化した場合、更新または撤去させる必要が出てきます。

本来、各駐車スペースの維持管理は、その駐車料金で賄うべきですが、空きスペースが増えれば、駐車場全体の収入が減るにもかかわらず、点検等の維持費用は減らないので、収支が悪化していきます。

不足する費用は、必然的に、本来、将来的駐車場の更新のために積み立てておくべき費用から充当され、更新時期に費用不足が表面化することになります。

これも問題ですが、さらに大きな問題があります。

それは、駐車料金が１００％駐車場の維持管理に使われているとは限らないということです。具体的には、管理会社への管理費として駐車料金が算入されているケースが多く見受けられるのです。ただでさえ駐車スペースが空き、将来的な更新費用不足が見込まれる中、さらに理不尽な費用を取られることは防止すべきではないでしょうか。

今、すぐに確認、変更することで、被害は最小限に抑えることは可能です。

「駐車場の修繕は駐車料金」、「修繕積立金も毎月出しているから万が一のときはそこから補充」は、正当な理論です。

長期修繕計画において、マンション本体の他、駐車場の修繕費用も賄えるなら問題はありません。そのため、長期修繕計画に駐車場修繕が含まれているか、それが修繕積立金に反映されているか、それと駐車料金が１００％駐車場の維持管理のために使われ、積み立てられているかを確認されることをおすすめします。

駐車場だけの会計をつくり、収支を管理することで、将来的な計画を明確にすることができます。

6　大規模修繕工事の業者を管理会社が決めるのはおかしくない？

前項でも軽く触れましたが、重要なことですのでまとめてお話します。

マンションは、建築基準法で特殊構造物に指定され、安全性を確保するために種々の点検を義務づけられています。

管理会社は、本来オーナーである管理組合が自ら行うべき業務を代行するためにできた会社です。点検業務の他にも、集合住宅ならではの決め事も必要となり、その支援も合わせて行うのに加えて、将来的な経年劣化に伴う修繕費用として毎月全区分所有者が毎月修繕積立金を出し、その出納業務の代行も行っています。そして、その過程で知り得た情報を使い、管理会社グループの収益を最大化するように動きます。

それは、分譲マンションの区分所有者の大半が以前賃貸マンションにお住まいになっていたので、そのときの管理会社と現在を混同している勘違いも巧みに利用しています。

以上がこれまでの話です。このような事実が理解できれば、管理会社が進めてきた提案？に１００％ＹＥＳの回答をする理由がないことが実感できたことと思います。理由がないどころか、危険であるといえるかもしれません。

管理組合と管理会社の関係は、ある意味、日本とアメリカの関係に似ていると思えるのは筆者だけでしょうか。

米軍＝管理会社、日本＝管理組合－いないと自己完結型の防衛ができない。いてもらう？　ためには、基地の維持費用に加え、意味不明の「思いやり予算」をも提供し、いなければ困るとばかりに日米地位協定という不平等条約を結ばせ横暴を許している。

これをマンション管理組合と管理会社に置き換えると、本来、自主管理がマンション管理の原則ですが、これができない（あえてしない？）ために、管理会社に報酬を払って委託しています。

分譲時には、マンション建設会社の子会社の管理会社に有利な管理費、修繕積立金で初期設定して押し込み、管理規約で管理会社変更が難しい状態にして分譲を行います。

その後、管理組合が権利の主張をしない限り現状維持です。残念なことに、多くのマンションは権利主張をしないいため、管理会社が陰で笑っています。

繰り返しになりますが、マンションのオーナーは、区分所有者の集まりである管理組合さんです。そして、自らの資産であるマンションの資産価値を保つため、毎月支払っている、「(日常)管理費」、「修繕積立金」がこの目的のために適正に使われているか、管理会社の利益追求の犠牲になっていないかを、厳しくチェック、管理監督することが非常に重要です。

管理会社が提案してきた案件、例えば、大規模修繕のおすすめの見積りをそのまま、すぐに鵜呑みにする必要はありません。十分に検討し、決定すればよいのです、決定権は、管理組合にあります。管理会社は決めることはできないのです。なぜなら、マンションのオーナーは管理組合、費用を支払うのも管理組合だからです。

管理会社は、管理組合がそのままYESといえば、すぐ案件（大規模修繕等）を進められる状態にして管理組合に提示するケースが大多数です。ほぼ、ＹＥＳの返事が返ってくることを前提に提案をしてくるからです。

客観的に「明らかに甘く見られている」状態と考えられますが、ある意味ラッキーなのです。その理由は、案件をすぐ進めるために管理組合に提案する調査結果、見積書にあります。それを準備するためには、現地調査が必要であり、その調査に基づき修繕をする手法を考案、文書化、その金額の算出などの手間がかかります。これにより調査報告書、見積書が出来上がります。すなわち、これにはそれ相応の人件費がかかるわけです。

しかし、あくまで「提案」としてではありますが、管理会社は、管理組合に人件費のかかった「調査報告書」、「見積書」を無料で提出してきます。

チャンスと申し上げたのは、これの金額を消したものを「仕様書」として活用すれば、容易に相見積りができるからです。

大規模修繕の場合、この仕様書のみの作成を請け負ってくれる業者はほとんど見つかりません。金額が大規模修繕費用の数十分の一であり、あまり収益に結びつかない割に手間がかかりすぎるからです。

数十分の一とはいえ、数十万円にはなります。チャンスと申し上げたのは、この数十万円を無料で取得、少なくてもこの費用は節約できるだけでなく、適切な複数の自社施工業者に相見積りを取ることで、施工品質を落とすことなく、さらなるコストダウンができる可能性が大きいからです。

甘い相手、すぐに注文取れると油断をさせておいて、土壇場での切返し、今後、管理会社の管理組合へ接する態度が変わることになるでしょう。

7　管理会社を変えられることを知っている？

原理原則として、管理組合は、マンションの管理方法を「管理会社委託」か「自主管理」かを選ぶことができます。また、「管理会社委託」の場合にでも、どの管理会社と契約するかは管理組合が選択する権利を持っています。

新築マンションの分譲時、管理組合もなく、管理方法も決まっていないという状態からスタートするよりは、何らかの形に収めて分譲（引渡し）をすることは合理的ではありります。

何も決まっていないと、入居早々管理組合を結成、管理手法決定を決議しなくてはならないからです。

その受け皿が「管理会社委託方式」であり、管理会社がマンション建設会社の子会社という「初期設定」をして引き渡すという形式です。その意味では、一定の合理性は認められるといえます。もちろん、あくまで、原理原則は、オーナーである区分所有者の集まりである管理組合が自らの資産であるマンションの資産価値を保つため最良の管理手法、必要な管理会社を決めるということです。

この原理原則に沿って考えれば、「初期設定」としての「管理会社委託方式」で「現行の管理会社との契約」は変更ができることがわかります。

マンション分譲になぜ今の管理会社が入っていたのでしょうか。それは、分譲時の条件にマンション建設会社の子会社が指定されていた、ただそれだけの関係です。

現在、契約している管理会社の業務内容であるマンションに義務づけている各種点検、報告、理事会等の支援、修繕積立金の出納はどの管理会社も行うことができます。

大規模修繕について、仕様があれば相見積りができるように、管理会社がどんな仕事を請け負っているかは請負契約書に掲載があるので、これが管理会社の相見積りを取る仕様書になるのです。

まずは、現行の管理会社の契約書をチェックして契約期限の切れる日を調べ、契約解除に伴う違約金の発生条件を確認、その上で候補となる管理会社数社を抽出、相見積りを取り、条件がよければ次の契約をその管理会社にする－単純にそれだけのことです。

8　管理会社を変える前に

原理原則に沿って考えれば、管理会社を変更することは可能です。

マンション管理に「管理会社委託方式」、「分譲時の管理会社と契約」を選んだこと、正確には初期設定をそのまま継続し続けた理由は、自主管理に要する手間暇は費用を支払っても省略したいからに他なりません。

そして、管理会社の変更を検討し始めた理由は、「管理会社委託方式」は継承しつつ、管理会社への何らかの不満を解消できる管理会社に置き換えることを目的にしているのではないでしょうか。これにより改善させることは当然可能です。

ただし、管理会社交換に伴い、移管先の管理会社の努力にもかかわらず、引継ぎは１００％スムーズに進行することは、まずないと考えておいたほうがいいでしょう。

特に長く管理組合と接した管理会社は、マンション内の人間関係、特殊性を知り、対応をしてきた面もあり、これが引き継がれることはありません。

しかし、管理会社の体質に問題がある場合は、変更しか選択肢がありません。

もちろん、月額の日常管理料金が高すぎる、○○業務を改善して欲しい、フロントマンの変更など、会社としての対応で解決可能な場合は、まずは管理会社と話し合いをおすすめします。これで解決できれば、管理組合としても問題や引継ぎによるゴタゴタを解消でき、管理会社としても毎月入金がほぼ確実に見込める管理費の入金を失わずにすみます。

また、管理組合、現行の管理会社の打合せが不調に終わった後、フロントマンがいる目前で他管理会社の営業と引き継ぐ場合の打合せをするのも非常に効果が高いです。

仮に50戸で毎月の管理費が1万円の場合、10年間で6，000万円です。これを失うことは、管理会社にとってはかなりの痛手であり、すぐに穴埋めとしてこれと同等の案件を受注しなければなりません。何より、フロントマンにとっては個人的に会社からの信用失墜ともなります。現に、この手法で管理会社が管理組合の要求を承諾した事例もあります。

最後の切り札として、管理会社の交代はできる状態を保ちつつ、現行管理会社へ管理組合の要望を伝える、それでもダメなら本当に管理会社を変えるのが賢い管理組合の交渉の手法と考えます。

なお、、管理会社を変更した場合、従前どおりの管理体制が一時的とはいえ失われる可能性がありますから、そうならないように新規の管理会社との詰めをきちんとしておく必要があります。

第3章　知っている人が得するマンション管理

1　管理会社が持ってきた見積りにストップをかけたまさかの手段とは

管理会社は、長期修繕計画に基づき、その時期になると修繕を提案してきます。これは、マンションの資産価値を保つための計画の「タイムキーパー」として、とても助かる働きではあります。管理組合が気をつけなくてはいけないのは、「提案」をそのまま他の簡易な修繕と同じように簡単に「承認」しないことです。

理事会はあっても、理事長が管理会社とグルになり、特定の大規模修繕業者に利益誘導を図ることもあります。理事長の影響力が強過ぎる、他の理事が無関心の場合などは、可能性が出てきます。理事長、他の理事に直談判しても効果がない場合、他の区分所有者は打つ手がないのでしょうか。

これは、実際に当社が相談を受けた管理組合の内容です。この方の取った手法は、何と「マンション内ポスティング」でした。

「理事会は、管理会社の出した大規模修繕の見積りだけで、業者を決定しようとしている」、「決定をいったん止め、他社と比較して真剣に検討しよう」というものでした。

結果的に、いったんは管理会社の持ってきた大規模修繕業者への発注はされなくなったとのことでしたので、このポスティングが効いたことになります。

このマンションは、ファミリータイプで約50戸、ポストが1箇所に集中、区分所有者なのでここに立ち入ることも可能、Ａ４の用紙を1枚入れることで達成したようです。

理事会の役員でない1区分所有者の行動力、約50枚のＡ４用紙がマンションの資産価値の下落を防いだのです。

もっとも、このポスティング自身、マンションの管理規則で禁止されている場合は控えるべきかもしれません。

ただし、禁止されていなければ、このような「緊急時」には有効な手法です。

2　業者の相見積りを取ったら安くなった

大規模修繕工事で相見積りを取ると、同じ仕様でも様々な金額が出てきます。特に、一番最初の管理会社からの見積書は比較されることを前提としていない積上式のため、後からの相見積りの額との差が大きくなる傾向にあります。

相見積りを取る前には、「どのような大規模修繕を行うか」という仕様を決める必要があります。その仕様を決めるためには、どのような箇所が劣化しているかを調査する必要があります。

ところで、管理会社の見積りが2，３ページの概算で、詳細な数字の記載がない場合は、それをもとに相見積りを取ることはできません。

戸建ての外壁、屋根塗装の場合は、塗装業者さんが1、2時間現地を見て回り、数日後に見積書を持ってきます。しかし、マンションは、いくら小規模であっても、このようなことはできません。数人が数日間現地調査を行った上、マンションの図面をもとに数字を拾い、修繕の方法、面積、数量を記載した仕様書をつくることとなりますから、基本的に無料で行うことはしません。

管理会社が、最初から正式見積りとして詳細な数字を出してくるケースもあります。それは、このような工程を経て、費用をかけてつくったものです。

管理会社が出した詳細な十数ページにわたる見積書、この金額のみを消せば共通仕様書になります。

この仕様書に沿って、自社職人が施工をする複数の大規模修繕業者さんに相見積りを依頼することで、業者間の中間マージンなし、談合なし、そして競合させることにより「勝負価格」を引き出すことができるのです。結果として、数百万円安くなることも珍しくありません。

当初予算より安く済めば、リノベーションにより資産価値を高める、次回の大規模修繕に使うと様々なことに活用ができるようになってきます。

3　管理会社の横暴が起きやすいマンションとは

管理会社の横暴が起きやすいマンションとは、ズバリ、投資用ワンルームマンションです。

この種のマンションは、オーナーが利回り追求のために購入されるケースが大多数で、オーナーは遠隔地にお住いになり、賃貸に出されることになります。

1棟ほとんどがオーナー不住なので、分譲マンションの区分所有法で義務づけられている管理組合も、形式上はあるものの有名無実のものとなります。そのようなケースでは、管理会社が、輪番制で有名無実の管理組合の理事になった遠隔地在住のオーナーの依頼に基づき、事実上の理事長代行を行う場合があります。

オーナーである区分所有者はお住まいにもならず、30年もの長期にわたりこの収益物件を保有しようとは考えていない投資家が多いので、真剣に修繕を考える機運に乏しいのも事実です。

また、そのマンションにお住まいで、長期的に資産価値を保持するための手法を提案しても、ご自身が輪番制で理事になったときにしか提案が通ることはありません。

なぜなら、ほとんどの区分所有者が遠隔地にお住まいになっているため、総会に参加せず、管理会社が依頼する白紙委任状にサインして返送するだけだからです。

そして、ほとんどの区分所有者は、そこにお住いになっていないために、連絡を取ろうにも管理会社は個人情報の保護を理由に開示することはありません。

結果的に、実質的理事代行の管理会社の議案が、白紙委任状の効力により、多少の反対があっても多数決で採決されることになるのです。

これが、投資用ワンルームマンションが管理会社主導でほとんどの案件が総会で採決されてしまう理由です。

【図表９　等価交換方式】

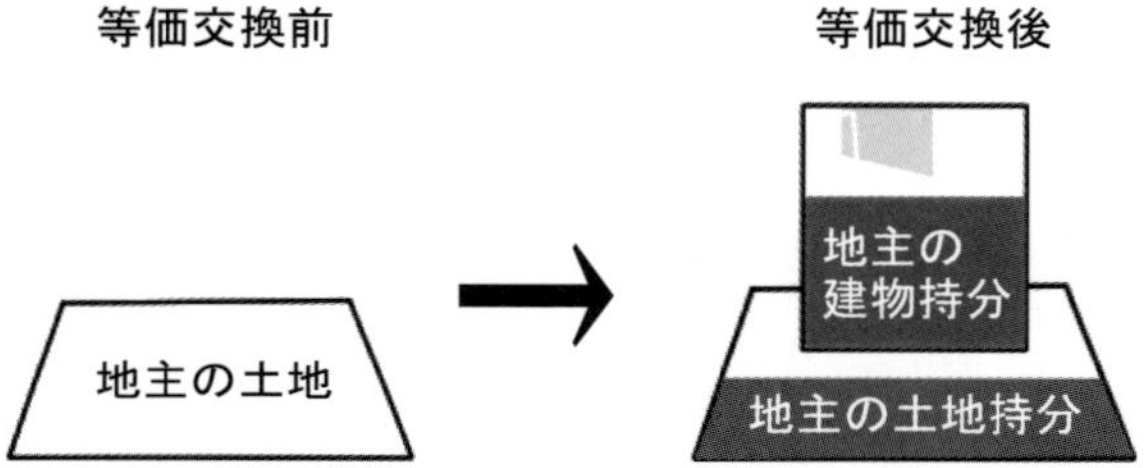

4 管理組合の理事の横暴が起きやすいマンションとは

これは、等価交換により建設された比較的都心に近い小規模マンションに多く見られます。

一般的に新規にマンションを建設する場合、マンション建設会社が全用地を購入、その上でマンションを建設します。

等価交換とは、図表９のように地主がマンション建設業者と契約を行い、マンション建設会社が地主の土地に土地の購入をすることなくマンション建設を行い、完成後一定の戸数を地主に引き渡すことを条件に土地を譲り受けるやり方です。

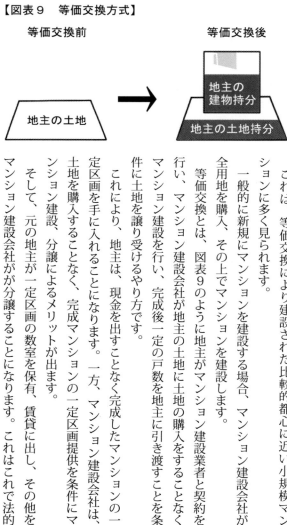

これにより、地主は、現金を出すことなく完成したマンションの一定区画を手に入れることになります。一方、マンション建設会社は、土地を購入することなく、完成マンションの一定区画提供を条件にマンション建設、分譲によるメリットが出ます。

そして、元の地主が一定区画の数室を保有、賃貸に出し、その他をマンション建設会社がが分譲することになります。これはこれで法的に認められた商取引なので何の問題にもなりません。

この時点で、元地主は、分譲マンションの数室を保有する区分所有者という立場に変わり、管理組合の理事に過ぎないのに、全区画のオーナーのように勘違いして振る舞い、それを他の区分所有者が黙認することでよく問題が発生します。

元地主は、今は単なる区分所有者なので、重要事項について自分だけの判断で決めることはできず、総会にかける必要があることを認識していないために発生するようです。

マンションの規模にもよりますが、元地主が総会の議決権の過半数は持っていない場合、他の区分所有者が団結することにより対応することが可能です。

5　下請業者の人たちも喜ぶ WIN-WIN

自社で完結する施工、同じ内容の施工でも、受注の仕方により「下請業者」にも「元請業者」にもなります。施主さんと直接請負契約を結んだ場合、元請業者、その元請業者から委託を受けて施工をしたときは下請け業者となります。

では、自社で全施工を賄える能力を持つ自社施工業者が、なぜ、下請業者をしているのでしょうか。この理由は、明快です。施主さんと直接契約に結びつける能力が不足しているからです。

職人気質で、「施工品質さえよければ仕事が来る」と100％信じ切っているのではないでしょうが、営業努力が少ないのは事実です。

残念ながら、「高い施工品質で適正価格」の業者に注文が殺到することはありません。管理組合さんも知らなければ発注できませんし、注文時に「高い施工品質で適正価格の業者」は確認ができません。

なぜなら、「高い施工品質で適正価格」も、施工完了して数年経過、他の施工物件の劣化症状が出始めても、自身の施工物件がその徴候も見られないことで初めて確認できるからです。

注文を出すときは、実績、評判等より「高い施工品質で適正価格らしい」業者さんを見つけ、連絡を取り、確認し、注文を出すしかないのです。

一方、注文を取る立場の大規模修繕業者は、営業マンを雇い、教育し、広告費をかけて広告を出し、やっと契約できた案件です。自社で施工を行えば収益になるのに、無料で他社に回すことができないのは営利企業として当然です。

自社の収益（俗にいう業者間中間マージン）を取り、他社である下請業者に一括委託（俗にいう丸投げ）ことになれば、下請業者はその費用での施工を強いられます。

元請業者の理論としては、投資をしたのですから、その資金を回収してさらに自社の利益を取るのは当然と考えますが、施主である小規模マンションの管理組合さんには、元請けの理論など関係はありません。「良質な施工品質の工事を適正価格」と「竣工後の万が一の瑕疵の対応」を１００％確実に行ってくれるなら、どのような業者でもいいのです。

そのために行うことは実は簡単で、明確です。

マンション管理組合さんが、大規模修繕を自社職人で全工程を施工できる業者と直接契約をして元請業者として施工をすることです。たったこれだけで、業者間の中間マージンがカットでき、管理組合さんが支払う費用が減り、今までの下請業者が元請業者となるので適正な利益が取れるようになります。

そして何より、下請仕事ではない「自社ブランドでの施工」、「自社の看板、自社のユニフォームでの施工」は、職人のプライドを刺激して素晴らしい施工となる可能性が高まるのです。

これは、ずっと下請をされていた自社施工業者の社長が、初めて元請になったとき、「同じ仕事だが全く違う仕事のようだ」と漏らした率直な感想からもわかります

管理組合を前にしてのプレゼンが初めてだったようで、多少の戸惑いはあったようですが、その他施工に関しては通常と全く変わりません。

大手建設業者と比べれば資本金は少ないです、社員数も少ないです、ただし、小規模マンションの管理組合さんにとって、それらは大規模修繕工事の請負契約を結ぶ障害にはならないのではないでしょうか。

万が一の事態に備え「瑕疵保険』」加入を条件づけることでリスクヘッジもできます。

これで、小規模マンションの管理組合は、普段、下請で大規模修繕工事を施工している中堅の自社施工業者さんと双方にメリットがあるWIN-WINの関係を築くことができるのです。

6　瑕疵保険の「瑕疵保証」以外の効用

瑕疵保険は、大規模修繕の竣工後、隠れたる瑕疵が表面化した場合に、施工業者が修繕業務を行えない状態となっていれば保険金が支払われ、その資金で他の大規模修繕業者に依頼できるシステムであることは前述したとおりです。

その他に「事前監査」と「事後監査」という機能も保険の料金内で行ってくれるので、さらに安心です。

事前監査とは、大規模修繕の仕様を保険会社の委託を受けた建築士の許可を持った専門家が審査を行い、仕様が適切でない場合は是正を求めるサービスです。これに対応しないと保険の締結がされないので、建設の知識を持っていない場合も正しい仕様での施工ができます。

事後監査とは、大規模修繕工事が竣工した後、足場を改定する直前に仕様どおりに施工がされたかの確認のために、これも保険会社の委託を受けた建築書の資格を持った専門家の確認を現地で受けて合格しないと保証書の交付がされません。

管理組合さんは、交付されるまで待て、仕様どおりの仕上りの保証とともに、万が一の瑕疵の保証も受けることができるようになるので、２重３重に守られることになります。

蛇足ですが、瑕疵保険の保証期間は基本５年ですが、一部のオプションを使うことで、期間を長くすることができます。

瑕疵保険は、大規模修繕業者が保険会社と契約を結ぶ保険ですので、この点業者さんとよく打合せをすることをおすすめします。

気になる費用ですが、大枠、総施工金額の１％未満くらいです。１％でこれだけの「保証」を確保できますので、ぜひ、加入をおすすめします。

７　業者間の中間マージンのカラクリ

業者間の中間マージンについては、前項で簡単に触れましたが、もう少し詳しく触れておきましょう。

大規模修繕の業者間の典型的な構図は、図表10のとおりです。

管理組合は、マンションの建築会社の子会社である管理会社に注文、管理会社は元請業者である親会社に注文、元請業者から下請業者に注文。

そして、元請業者のユニフォーム、ヘルメット姿の下請業者が、現場で元請とマンション管理組合が締結した請負金額より業者間中間マージンをマイナスした金額で施工することになります。

【図表10　業者間の典型的な構図】

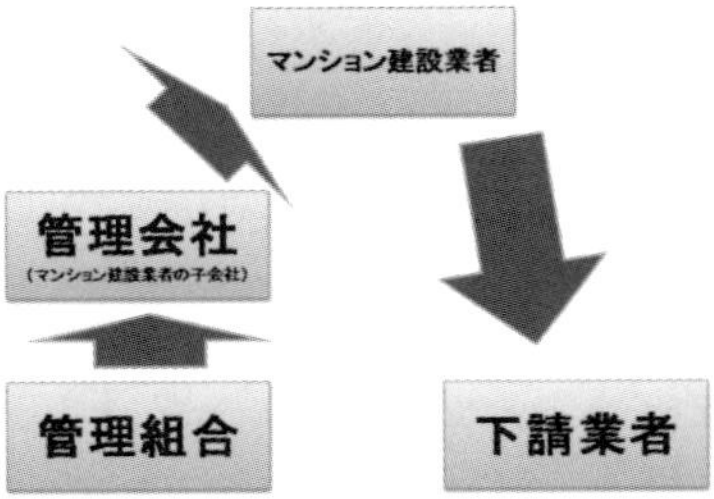

この「中間マージン」は、マンションの大規模修繕の現場で実際に施工をする業者と直接契約をすることでカットすることができるようになります。

中間マージンというと、「書類を通すだけでマージンを取る、最終の消費者からすると全く無駄な経費」そのように思われるかもしれません。確かに、そのような側面がないとはいえません。

現に、流通において、「問屋」があります。仕入れて、そのまま小売店にマージンを乗せて販売を行いますが、この間に実質的な加工も何も行わず、商品を右から左に動かすだけで「(業者間)中間マージン』を得ているところもあります。その場合、メーカーが直接、消費者に販売を行うことでこの経費は、削減が可能です。

しかし、問屋がなくならないのは、消費者、メーカー、小売、各々にメリットがあるからに他なりません。メーカーは大量生産で商品単価を下げたい、販売に手間を掛けたくない。消費者は、大量にはいらない。小売もメーカーがつくった商品を大ロットで仕入れ、売れ残りリスクを負いたくない。万が一、売れ残った場合は返品も受け入れてもらいたい。このような双方の調整機能を持つのが問屋です。返品を受け入れても他へ流すことも可能です。

このように、一定の社会的役割を担っているのです。しかし、この仕組みは、大量の商品を効率よく流すことに向いている仕組みです。一点一点異なる高額商品を職人が直接製造するカスタムメイドの商品の取引には適しておらず、「職人により製造される高額のカスタムメイド商品」である「小規模マンションの大規模修繕」は、まさに直接取引に適しているのです。

第４章　下請大規模修繕業者社長、ここだけの話

1　元請になるのは夢の夢

もっと大きな会社になり、社会的信用がないと元請になれない。自社など、お客さんが直接契約してくれるはずもない下請は仕方がない――こんな思い込みで、自社職人で大規模修繕を施工できる能力を持っているのに、元請から回ってくる仕事を黙々とこなしている下請専門の業者さんが多いのではないでしょうか。

元請がマージンを取った残りの費用で、定められた工程で大規模修繕を行うので、「自社のプライドにかけて素晴らしい施工を」のような理想の追求はなかなかできるような環境にありません。

職人としては、「誇りを持てる施工」はしたいが、追求し過ぎると「赤字」になってしまうというジレンマに陥ってしまいます。適正な利益は取りつつ、職人として誰にも誇りを持って施工実績を誇るには、元請になることが必要です。

「叶わない夢かも知れないが、いつかは元請として仕事をしてみたい」――これが、下請専門で大規模修繕をされている業者さんの偽らざる本心です。

元請は、実は会社の規模に関係ありません。資本金1，０００万円の会社でも、マンション管理組合さんと直接大規模修繕の請負契約を結べば、立派な元請になることはできます。

元請になる一番の早道は、施工実績を積む、会社の規模を大きくするより、マンション管理組合から直接注文を取るにはどのようにすればよいかを考えて動くことです。

もちろん、施工実績により腕を磨くことは必要で、それを継続して行う必要はありますが、その他にあることをこれと同時並行で行う必要があるのです。

下請業者を長年続ける大規模修繕業者が実行していないことで、元請になる大規模修繕業者が必ず実行していること、それは「広告」です。

これは重要なことなので、詳しく後述します。

2　他社ユニフォームVS自社ユニフォーム

大規模修繕が始まると、通常、区分所有者しか立ち入らないマンションの共有部に関係者が多く出入りをするようになり、対策をしてもどうしても普段よりセキュリティーが低下します。ユニフォームは、外部から工事に無関係の人が入り込まないように「分類」する役割を果たします。

マンション管理組合さんにとって、請負契約書に定められた費用、仕様で施工をしてくれさえすれば、作業員のユニフォームなどどうでもいい話です。

しかし、元請、下請の違いがそうさせるのですが、現場の職人にとっては、仕事に向ける意気込みが全然違うのです。いわゆる、モチベーションとよくいわれるものです。

会社の仕事でも、自身の提案でプロジェクトが発足し、プロジェクトリーダーに抜擢されて行う仕事と、単なる代替の人数に合わせて割り振られた仕事の場合、どちらが仕事に意欲を持って取り組めるかおおわかりのことと思います。

一般的に数社の中から「信頼され」、「選ばれて」請負契約を直接交わし、元請業者になります。元請になれば、「適正な利益」も取れるので、下請ではしたくてもできなかった「職人として誇れる仕事」ができる環境が整います。施工後も、「自社施工案件」として営業には必要不可欠の実績にもなるのです。

自社の看板で行う大規模修繕は、他の施工より力が入ることは想像に難くありません。区分所有者が毎月積み立てた大事な修繕積立金を使って行う大規模修繕です。業者間の中間マージン、談合等施工に全く関係のない費用に回らないようにしたいものです。

3　有名会社VS無名会社

有名会社と無名会社の大きな違いは広告です。会社の規模は関係ありません。通販で有名な健康商品会社、名前はよく聞き、商品もよく見ますが、想像しているよりは小さな会社であったりもします。

会社規模が大きいから広告予算を多く取れ、多くの広告を出すことができる−確かに、現状の姿を見ればそのとおりです。しかし、どんな大企業も最初から大きかったわけではありません。小さな会社のときから少額の広告予算を組み、研究・分析し、集客し、売上を伸ばしてきたのです。

広告を出して名前が知られるようになれば、自動的に注文が増えるというわけではありませんが、管理組合さんに発見してもらえる確率が上がることは間違いありません。

下請業者さんは、元請から来る仕事は中間マージンを取られ、入金までの期間が長いとはいえ、費用をかけずに受注でき、確実に入金が見込めます。

広告は、出すと確実なのは「広告費がかかる」ことだけ、「成果ゼロ」も珍しくなく、これに対する補償は一切ありません。

広告代理店の仕事は、広告を出してその手数料を稼ぐことですので、多くの広告を出すようにすすめてきます。「もっと露出を増やしましょう」と…。

ここで、単純に広告への反応がないのは、「露出量」だけだと勘違いさせられ、分析もせずに広告費を増額しても、成果が出ないために途中でやめてしまう、これがまずい運用の典型例です。

広告は、会社の規模に合わせてほんの少し多めにかけ、分析し、必要に応じて変更、これを継続することで広告の力を最大限に発揮することができます。

1件でも注文を取り、施工ができれば実績になり、次の注文が取りやすくなります。それは、何より自信になります。そして、広告費を少しだけ多く出せるようにもなります。

この繰り返しが、会社を大きく、そして有名に、そしてお客さんに有名な会社として安心なイメージを持ってもらえることにつながっていくのです。

4　自社施工実績

自社施工実績とは何でしょう？　自社社員が注文を取り、契約を結び、自社社員が施工をした実績……本質は、このとおりです。ただ、これだけが実績ではありません。むしろ、その他の要素のほうが大きいのです。

それは、自社で大規模修繕工事の施工契約を締結し、その施工をそのまま下請業者に請け負わせ、その実績を「自社施工実績」にしてしまうことです。一般的に「丸投げ」と呼ばれる行為です。

「丸投げ」を大手業者より受ける中堅業者の技術力は高いからこそ、安心して丸投げ、手離れよく、自社の施工実績、売上を多くすることができるのです。

「表面上の施工実績が豊富」は、必ずしも自社社員の大規模修繕を行った経験が豊富というわけではないことを覚えておいていただければと思います。

5　施工保証、点検の真の目的とは？

大規模修繕の竣工後、数年間にわたり施工保証、点検を自主的に無料で行う施工業者がいます。すごく良心的な業者！　と思いませんか？　実際にそうなのですが、これには別の目的も含んでいます。

それは、次の大規模修繕工事、各種修繕工事に向けた営業です。何の目的も持たずに、「マンションの点検いかがですか」と訪問しても門前払いされますが、以前、大規模修繕を行った業者がアフターフォローの一環で点検、独自保証に定められた項目が一定の性能を保っていることを確認するためといえば、容易に現場を見て回ることができます。

この場合、単なる営業ではなく、「本来つけなくてもいい独自保証をつけてくれて、その点検のためにわざわざ来てくれる良心的な業者」の立場での訪問になります。そのときは、当然、自社の保証をした部分の点検は行いますが、本来の目的のその他の修繕が必要な箇所を探しています。その指摘は、「マンション管理組合の味方」の立場ですので、通りやすいものです。

このように、保証↓点検↓修繕を繰り返せば、次の大規模修繕のときには、「いつもマンション修繕でお世話になっている良心的な修繕会社」として入り込むことができるようになります。そして、その有利な立場を利用して、注文の獲得を目指すことになります。

保証↓点検↓修繕の営業が悪いわけではありません。むしろうまく使いこなせれば、早め早めの修繕で修繕費用を節約することにもつながります。

例えば、鉄部の塗装。多少サビが出ている段階では塗装だけで対応が可能ですが、さらに腐食が進み欠損が出ている状態であれば、部分的、あいいは全面交換が必要になってきます。

予めすべての部位に対して点検の計画を立て実行することが望ましいのですが、法的に義務づけられている点検以外はほとんど行われていないが現状です。

目先は小さな修繕工事の注文、長期的には大規模修繕を含む大型工事の注文を取ることが目的とはいえ、修繕が必要な箇所の拾い出し作業を無料で行ってもらえると考えれば、とてもありがたいサービスになります。

修繕の提案を受けたからといって、今すぐに修繕を行わなければならないわけでもなく、その業者に発注をしなければならないわけではありません。

修繕業者さんの目的を知り、積極的に点検を受け入れ、無料建物診断としてこれを利用し、必要な修繕か否かを判断して修繕依頼を行う、修繕費が比較的高額のときは相見積りを行う、これが賢いマンション管理組合さんの資産価値を保つ方法です。

6　できれば下請を脱して元請になりたい。でも…

「できれば下請を脱して元請になりたい」というのは、すべての心ある職人さんの願いです。

ただし、下請業に慣れ切ってしまうと、この心意気も段々と薄れ、施工代金も原価ギリギリ、対外的に自社の名前も出ない、その現場が終われば関係が途切れる、それゆえに地元の評判も気にする必要がない、簡単に早くできる仕事を目指す……このような施工では、仕様の最低限を満たすのが精一杯、「もう一手間かけて耐久性をアップさせてみよう」といった発想、行動に出ることは残念ながら見込めません。

そのような時間があれば、次の現場に行き次の仕事をしないと赤字になってしまうからです。人の心の中を覗くことはできないので、どの業者さんがこのようなことを考えているかはうかがい知ることはできません。しかし、職人の誇りを失った、砂を噛むような仕事と考えている職人には、大事な資産であるマンションの大規模修繕にかかわって欲しくないと考えるのは当方だけでしょうか。

もっとも、今は不本意ながら下請仕事に甘んじているが、本当は職人気質で、本当によい仕事をしたい、そのためには機会を掴み元請になりたい……そのように考え、行動している中堅業者さんも多くいらっしゃいます。

そのような大規模修繕業者さんと直接契約できれば、今までの借りを返すかのごとく最高以上の仕事をしてくれます。

このことを理論的にわかりやすくお伝えできないのが残念ですが、これは当方の体験上の実感でもあります。

このような業者さんを、１社でも多く「元請」にするお手伝いを、本書がきっかけでできればと願っています。

大規模修繕の下請業者さん、最近は協力業者さんと表面的には呼び方が変わっているだけで実態は変わっていません。

この業種は、特に、職人がいないとできません。システムをいったん組めば、後は全自動、オートメーション工場のように人がいなくても稼働できるこのようなことはあり得ません。

全く同じ商品を大量に新規に作成するなら、自動化、機械化も可能かもしれませんが、マンションの大規模修繕は一現場、一現場地域も設備も劣化の程度もすべてが異なります。ベテランの職人が現場で状況を判断し、リーダーシップを発揮、気心の知れた職人がチームとしてのプライドを持って行わないとよい施工はできません。

そのためには、常に職人を雇用し続ける、仕事があってもなくても給与を払い続ける必要があります。材料も施工代金受領前に購入しなければなりません。

この業者さんが一番恐れることは、「元請業者さんからの仕事が途絶えること」であり、それに伴い「自社職人に給与を出せなくなること」です。

元請からは、「当社を通さない仕事は禁止」とまでは強制はされませんが、あまりにあからさまに集客することで、仕事を減らされることをどこかで恐れています。

このために、ホームページで大々的に大規模修繕業者であること、そしてその実績が豊富であることをＰＲする、そして広告を出稿することに対しては、かなり腰が引けています。

また、日頃営業なしに仕事がもらえる環境に慣れきっていると、広告費用をかけても確実に注文が取れるとは限らないので、躊躇もあるようです。

第5章　マンション管理の賢い進め方は　パッシング・オーダー方式

1　マンションのオーナーは誰なのか

大事なことなので、重ねて同じことを申し上げます。

お住まいでもあり、資産でもあるマンションを維持管理する権限と責任、そして所有権を持っているのは、各区分所有者で組織する管理組合です。

本来、自ら行わなければならない必要な管理業務を管理費という費用を支払って、交換可能な1外注業者である管理会社に委託しています。

分譲マンションを購入された区分所有者の大部分が、その前は賃貸マンションにお住いだった方のようです。

そのときも、今も、グレード、内容は別として、鉄筋コンクリートの建物に住み、管理会社がおり、その管理会社に毎月一定額を渡して管理してもらっていることは変わっていず、その意識を持ち続けていることを管理会社に利用されていいます。

管理会社のいうことは聞かなければならない、管理規約は変えられない、守らなければならない—すべては過去の賃貸マンションのときにだけ該当するものです。

現在は、賃貸マンションの入居者ではありません。マンションの区分の所有者、マンションの運営に関する権利を保有しています。マンション全体のこと、マンションの区分所有者の話合いですべてが決まります。管理規約も、管理会社も、管理組合の合意で変更も可能なのです。例えば、賃貸マンションでペット飼育不可の条件で入居をした場合、入居者はそれに従うしかありません。所有者でないので、管理規則を変える権限がないからです。

しかし、区分所有者であるあなたは、管理組合に提案し、賛同者を募り、議案を提出し、多数決で賛成の決議を取れば管理規則を変えることができる権利を有しています。

管理会社は、1外注業者なので、この決定の過程に関与する権利がありません。できるのは、決議されたらその旨を通知する、必要があれば他の区分所有者に連絡を依頼することぐらいです。

分譲時に初期設定として、管理会社に管理を委託する方式をとり、マンション建設会社が子会社の管理会社を指定したに過ぎません。初期設定は、後日オーナーの意思で自由に変えることができるのです。

無論、権利があれば義務も責任もあります。マンションのタイルが剥がれ、落下して通行人に怪我をさせてしまった。このような場合、責任はオーナーです。分譲マンションの場合は、管理組合が賠償責任を負うことになります。管理会社には一切の法的な責任はありません。

しかし、このようなリスクには、保険を掛けておくことで対応ができます。これは、大規模修繕においても同様です。

大規模修繕を成功させるために一番重要なことは、自らの立場、権利、義務、保証、長期的な資金確保をしっかりと理解し、それを当面の相手である管理会社に知らせることです。

これにより、相手方の態度が変わります。

2　規模によるマンションの性格の相違の把握

大規模マンションと小規模マンション、同じマンションですが、全く別の性格を持っています。大規模修繕を推進するに当たって、人数、資金力、意見集約の仕方、人材等々が異なり、巷に出ているような「大規模修繕の進め方」は、主に大規模マンションをターゲットに書かれているものが大多数です。

これをそのまま小規模マンションに当てはめようとしても、実はとても無理があるのです。

各々の代表的なメリット、デメリットは図表11のとおりです。

今までの経験によれば、小規模マンションの中には、平均専有面積１００㎡で、都心にあり、区分所有者の職業が会社役員、医者、弁護士等の億ションもあり、修繕積立金の十分なところも数件ありました。

ただし、これらは1部で、小規模マンションは、世帯数も少ないため、修繕積立金の総額も少なく、またスケールメリットも大規模マンションに比べて効きにくいので、財政的に厳しくなる傾向があります。

大規模修繕業者を競合させてのコストダウンも、総施工金額がもともと大きくないので、その幅

【図表11　大規模修繕の規模別メリット・デメリット】

	大規模マンション	小規模マンション
メリット	①　修繕積立金の蓄積が豊富 ②　人材が豊富 ③　スケールメリットが生かせる	①　特別なリーダーシップがなくても計画推進が可能 ②　共同体の意識がある
デメリット	①　人数が多いので意見集約に強力なリーダーシップが必要 ②　不要な施設の管理費も払わなければならない	①　修繕積立金の集積が少ないことが多い ②　人材が少ないことが多い

にも限りがあります。

コンサルタントを入れる最大のメリットは、複数の大規模修繕業者を競合させてのコストダウン、区分所有者間の意見集約にあります。しかし、小規模マンションでは、これら２つが必ずしも有効に働くとは限りません。

「意見の集約」は、少人数のため一定のコミュニティーができているので、その気になれば強力なリーダーシップはなくても協力体制が出来上がります。「自分たちのマンション」の意識が強いことが影響しているようです。

「コストダウン」も、施工総額がもともと大きくなく、コストダウンの幅が小さいので、コンサルタント費＋αの効果が出せる可能性は小さいのです。また、これを強引に進めると、手抜きをする業者でも選ばなければならなくなり、本末転倒となってしまいます。

結論からいうと、「修繕積立金に十分な余裕がある」、「住民間のコミュニティーが育っていない」、「管理会社、コンサルタント主導で進めたい（面倒なことはお金を出して任せたい）」

といった環境であれば、小規模マンションであっても「設計監理方式」、「管理会社お任せ方式」が適しています。

逆に、「修繕積立金に余裕がない」、「住民間のコミュニティーが育っている」、「区分所有者主導で計画推進の意思がある」場合は、コンサルタントを入れない責任施工方式が適しています。

本書では、本章において、「責任施工方式」に一定の機能を付与した「パッシング・オーダー方式」を提唱しています。

3　長期修繕計画の賢いチェックの仕方

長期修繕計画書は、本来、30年程度の期間において、平均的な修繕箇所・周期を定め、この費用概算の記入をします。その際、必要な修繕費を賄える費用が必要な時期には積み上がっているようにするにはいくら必要かを逆算し、年月、区分所有者で分割し、毎月の積立額を算出しているはずです。

しかし、中には、修繕の時期、修繕箇所、参考金額が明示されていないものもあります。このような場合は、早急に上記を含んだ長期修繕計画書をつくり、修繕積立金が不足するようであれば、値上げをする必要があります。専門家を入れ、正確につくり直すのがベストです。

10数年に1回の大規模修繕、給水管の更新、排水管の更新、エレベーターの更新、機械式駐車場の更新と、修繕が必要な箇所は多くあります。今の金額でそのまま推移した場合、どのくらい不足するかを概略算出するには、前述した国土交通省の大規模修繕のガイドライン約２００円／㎡に沿って30年間単位で区切り、積算するとよいと思います。

70㎡の専有面積の区分所有者は、約２００円／㎡×70㎡×12か月×30年が総額になります。

ここから、分譲時に支払った「修繕積立基金」等の一時金と、今まで支払ってきた金額を合計して差し引きます。これにより、今後、築30年までに支払う修繕積立金が算出できます。

今支払っている修繕積立金の額と築30年までの月を掛け合わせて算出した額をこれからマイナスすると不足額が算出されます。これを月々の支払いに割り振る必要が出てきます。

まずは、EXCEL等で数字を入れて表にしてから、理事会等で議題にするとよいと思います。

その後、外部の専門家に依頼し、少し余裕を持たせるのなら約２００円／㎡を少しアップするなど、工夫をして計画を建てると将来的な「修繕見積りが出てきて、修繕積立金の不足、一時金の徴収、管理組合内紛糾」を防止することが可能になってきます。

この計画見直しは、早ければ早いほど、値上げを早期から始められるので、１回当たりの値上額が少なくなり、区分所有者の理解が得られやすくなるメリットがあります。

この観点から考えると、理想は、マンションの全区画の分譲が終了した時点から始めることになります。しかし、今からでも遅過ぎることはありません。早期に、長期修繕計画、それに伴う修繕積立金の見直しをすることをおすすめします。

同時並行で、管理会社への管理費の減額交渉、外部業者への委託費用、例えば、定期点検の業者の変更によるコストダウン等も行い、修繕積立金への算入を行えば、値上幅を圧縮することができるようにないります。

※具体的なシュミレーションは、第12章にありますので、合わせてご覧ください。

4 修繕の施工方式の賢い決め方

修繕の施工方式は、設計監理方式と責任施工方式に大別されますが、そのメリット・デメリットは前述のとおりです。

念のため、問題外の「管理会社お任せ方式」の全体像は、図表12のとおりです。

管理組合さんは、「点線で囲まれた部分」は見えません。したがって、業者間中間マージンの発生を見抜くことができません。競合もなく、管理会社の「言い値」がまかり通り、問題外と申し上げた理由はここにあります。

巷に出ている書籍は、「大規模マンション用の大規模修

【図表12　管理会社お任せ方式】

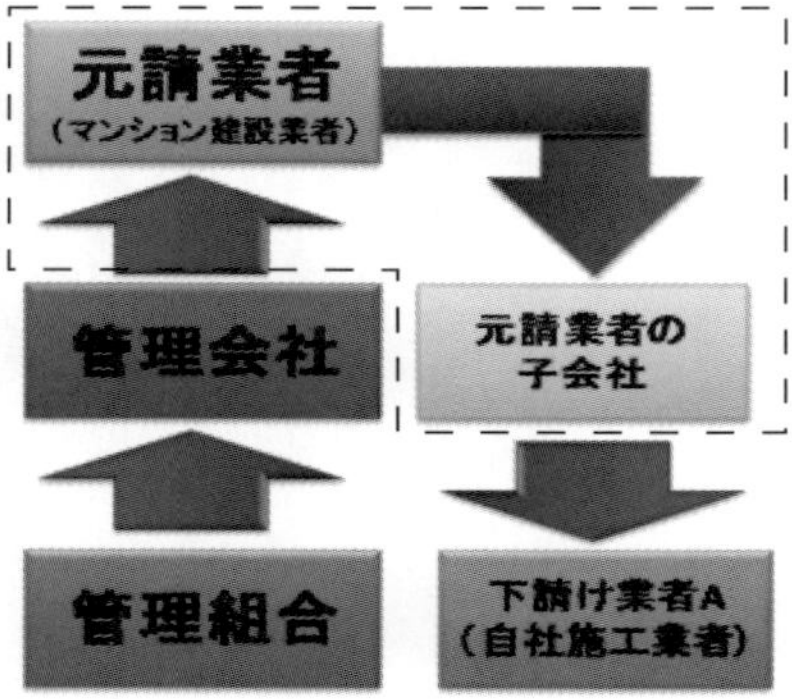

繕の進め方」ばかりです。１０００戸を超える大規模マンションと20戸の小規模マンションとでは、規模、財務状況、人数等大きく性格が異なります。同じ手法で進めても「環境」が異なるので同じ結果になるはずがないのです。

大規模修繕の施工方式は、設計監理方式がスタンダード、責任施工方式は危ないのような論調が多く見受けられます。その根源は、性悪説、1業者に設計施工を任せると手抜きが発生する、これを防止するための監理者を施工業者の他に設置すべき、が趣旨です。

一見全くの正論のようにも見えます。しかし、ここでは、「監理の実態その責任」、「マンションの規模」、「財務状況」が、意図的に触れないように他の論点にすり替えられています。

監理の実態は、週に1回、数時間現場を見るだけです。監理というと、現場監督のように1日中施工現場に留り、作業の進捗を管理するイメージがあると思いますが、実態は違います。

また、費用を出して監理をしているのですから、その監理で見抜けない施工会社の手抜きがあった場合、監理業務を請け負った会社が責任を持って修繕を行うのでしょうか。

大規模修繕工事竣工後、隠れた瑕疵が表面化し、修繕が必要になった場合において、施工業者が倒産等で修繕できなくなったとき、監理業務を担当した会社は修繕を行ってくれるのでしょうか。そのようなことは、一切しません。

しかし、瑕疵保険には必ず入っていますので、この保険で対応をする仕組みです。それならば、一定の監理は施工業者と瑕疵保険の付帯サービスに任せ、施工業者を選定の条件に瑕疵保険をつけ、

【図表13　設計管理方式、責任施工方式のメリット・デメリット】

	設計監理方式	責任施工方式
メリット	①　コンサルタント主導で推進、建設に関しての素人集団の管理組合でも計画を推進できる ②　専門家に監理を依頼するので安心 ③　公募により多くの業者の中より選ぶことができる ④　大規模マンションの場合、競合によりコンサル費用を上回るコストダウンができる可能性がある	①　１社にすべてを任せるので余計な費用がかからない（コンサル費用なし） ②　１社に任せるので責任の所在が明確
デメリット	①　コンサルタント費用が高額 ②　談合が起こりやすい ③　業者選定条件が必要以上に厳しくなる ④　業者間中間マージンが発生しやすい ⑤　小規模マンションの場合、コンサル費を上回るコストダウンを見込めない	①　１社にすべてを任せるので牽制が働かない（瑕疵保険の事前検査、事後監査で解消）

一定の仕様に基づく相見積りと業者独自の提案も同時に受けつける、提案を他の施工業者にぶつけ意見を聞くという方式がよいのではないかと考えました。

これは、5年間、当方が試行錯誤しながら小規模マンションの大規模修繕に携わり、管理組合さんと直接の話を行い、実行した結果最もうまく運用できると確信できたのが前述の手法です。

これは、小規模マンションの大規模修繕に特化した手法であり、本書ではパッシング・オーダー方式と名づけ、その手法を次項で詳しく述べてまいります。

代表的な施工方法、設計監理方式、責任施工方式、各々の一般的なメリット・デメリットは、図表13のとおりです。

いずれにも属さず、書籍には掲載はありませ

【図表14　設計管理方式と責任施工方式のまとめ】

	設計監理方式	責任施工方式
コンサルタント	必要	不要
間接費用(コンサル他)	必要(総額200~300万円)	不要
談合	可能性あり	回避可能
主導権	コンサルタント主導	管理組合主導
業者選定基準	コンサルが元請け基準に誘導	管理組合が決定
中間マージン	発生の可能性	カット可能(直接施工業者のみより選定)
総施工金額	直接施工金額+間接費用	直接施工金額のみ(浮いた費用でオートロック等の付属工事、次回用に貯金)
安心感	大手建設業者発注(資本金)で安心	資本金は大きくないが瑕疵保険で保証、検査も含む(費用業者負担に)
管理組合の手間	楽 (コンサルタント任せ)	手間が掛かる(住民意見集約、質問、調べる)
業者探し	公募、コンサル推薦	管理組合の推薦
施工業者のメンタル	安い工賃の請負仕事、クレームが来ない程度の品質	元請けの仕事に誇りを持ち最高品質を目指す

んが、管理会社が出す推奨業者の見積りで決定してしまう方式もあります。

本書では、「管理会社お任せ方式」と名づけ、今後この名称で呼びます。

これらをまとめると図表14のようになります。

5　賢い管理組合さんは既に使っているパッシング・オーダー方式とは

パッシング・オーダー方式は、責任施工方式の「機能追加版」です。

その追加機能は、共通仕様書による「相見積り」、「瑕疵保険」の保証機能、監理機能と施工業者を提案者、アドバイザーとしても活用することです。

これを正しく理解し、区分所有者に伝えることができ、協力を得られるなら、大規模修繕はほぼ失敗はないと考えられます。

順を追って概要をお話します。

① 大規模修繕の進め方を決める

パッシング・オーダー方式は、大きくは責任施工方式ですので、設計監理方式、責任施工方式のメリット・デメリットを列挙し、いずれで進めるかを選択することになります。

設計監理方式を採用し、コンサルタントを雇う管理組合は、「大規模なマンションで、区分所有者が多く、素人では意見集約が困難」、「修繕積立金がある程度潤沢であり、面倒なことは避けたい」、「建設の知識を持つ区分所有者がいないので専門家に任せるべき」といった理由によるものが多いようです。

これも1つの手法ですから、正しいも誤りもありません。そのまま、「設計監理方式」で進めていただければよろしいかと思います。

ただし、修繕積立金に余裕がなく、施工費用の他に余分な経費をかけられない、小規模マンションで区分所有者も少ない、コミュニケーションはある程度取れる場合は、責任施工方式が適しています。

責任施工方式を大方針と決定した後に、具体的手法としてパッシング・オーダー方式を説明するのがスムーズな方法です。

②　大規模修繕委員会を設置

大規模修繕委員会を発足して役員を揃えるのが正式な動きです。

それ以前に、有志が集まっての勉強会があり、これが理事会で承認されて正式な「大規模修繕委員会」になるケースが一般的です。

小規模マンションの場合、もともと人数が少ないので、正式な組織にするための人数、スキルを持った方が揃わない場合もあります。

しかし、理事会役員の他にも、大規模修繕の最初から最後までを通して担当する方が最低でも数名は必要です。

大規模修繕の準備作業開始から竣工までは、1年では終わりません。各区分所有者に仕事、生活があるので、せいぜい集まる機会は月に1回、年間に12回でしかありません。それも毎月開催ができればです。

理事会役員が大規模修繕の役員を務める場合、一般の案件と同じ順位で大規模修繕の引継ぎとなり、１００％の引継ぎは期待できない中、最悪の場合、計画の中止に追い込まれる可能性もあります。

これが、大規模修繕計画の最初から最後まで通して担当する役員を1年交代の理事会役員が担わない理由です。

以後は、パッシング・オーダー方式が採用されたことを条件にお話いたします。

③　共通仕様書を入手、作成依頼を行う

共通仕様書は、各大規模修繕業者に見積りを依頼するフォームのことです。これを作成するためには、現地で劣化診断を行い、修繕が必要な箇所を拾い、修繕方法、概算金額をまとめる必要があります。

この書類をまとめるには、技術者を現地に派遣するなど費用がかかります。

そこで、管理会社より10数ページの詳細な見積書が入手できたら、その金額を消し、共通仕様書の代わりに、また出してこない管理会社に有料で共通仕様書作成を依頼するのも一法です。

この場合、施工業者を管理組合さん主導で自由に選定できるように、一切の条件なし（無料仕様書作成と施工を抱き合わせにする）に作成するため、有料で依頼を行うことがポイントです。

④　大規模修繕業者の選定条件を決める

コンサルタントが入った場合の大規模修繕業者応募条件の1例は、図表15（図表7の再掲）のとおりです。

このとおりにすれば、コンサルタントなしの管理組合主導でも、談合の防止はできても、業者間

【図表 15　業者選定条件の事例】

ある大規模修繕工事（53戸） 業者公募条件

【応募条件】

①原則として●●圏内に本・支店・営業所のある、特定建設業許可を受けた建設業者。

【特定建設業許可の要件】
・1級建築施工管理技士又は1級建築士が常駐、・資本金2，000万円以上、・自己資本4，000万円以上、・流動比率75%以上、欠損の額資本金の20%を超えない事

②資本金が、改修専門業者にて1億円以上、総合建設業者にて5億円以上。

③●●圏内において、過去3年以内(平成23～25年完成予定含む)に分譲集合住宅の大規模修繕工事を15件以上元請施工の実績がある事。
※（戸数50戸以上 又は工事請負金額5,000万円以上の物件に限る。）

④現場代理人として、分譲集合住宅の大規模修繕工事の現場管理を5年以上経験した、監理技術者が常駐できる事。

■ その他、以下の書類の提出義務
①見積もり参加依頼者②会社概要③分譲集合住宅大規模修繕工事実績表（過去3年間、発注者、工事金額、建物規模等）④直前3期分の決算報告書⑤直近の経営事項審査結果通知書⑥予定現場代理人の経歴書⑦有資格技術者数リスト⑧建設業許可証の写し⑨その他（各社PR資料等）提出図書

中間マージンの発生は防止することができません。

そこで、瑕疵保険加入を条件に、条件を緩和し、平素は大手建設業者の下請をしている自社施工業者も参画できる条件に次のように置き換えすることをおすすめします。

・特定建設業許可：「特定建設業許可」と「建設業許可」は似ていますが、意味合いが全く異なります。

下請に出す工事の総額が4，000万円、建設一式工事が6，000万円以上の場合、特定建設業許可を受けなければならないと定められています。

ということは、特定建設業許可を持っている会社は、下請に「丸投げ」する会社である可能性が高いということになります。

小規模マンションの場合、総施工金額が

4，000万円以下の場合が大多数であり、この条件をつけることで「元請業者を選定」、「業者間中間マージンOK」が自動的に決まってしまいます。

・資本金：ここでの資本金は、論理的な根拠があっての数字ではありません。竣工後倒産されると万が一の瑕疵の修繕に困るからこの程度あれば安心かな？　程度の根拠しかありません。

逆にいえば、倒産した場合も修繕ができる費用が保証されるなら、資本金の1億円にこだわる理由もないことになります。

・施工実績：施工実績は、多いほうが安心。確かにそのとおりです。経験に裏打ちされた技術は、安心できます。ただし、それは、同じ業者が行った実績という条件がつきます。

元請業者の実績というのは、下請業者AとBの合計なので、施工実績を大きく見せることができます。実態は異なります。

この実績を元請業者しか満たせない条件に設定をしてしまうと、自動的に自社施工業者（下請業者）を排除してしまうことになってしまいます。

④　業者募集を行う

③で決めた条件に合う業者を管理会社、区分所有者より推薦をしてもらいます。

管理会社の推薦業者しか集まらない場合は、例えそれが複数社であった場合でも談合が考えられるので、1社として考えるべきです。少なくともこの他のルートから最低1社を選定しませんと、競合によるコストダウンは働きませんので注意が必要です。

コンサルタントが出す条件より緩和した条件で公募を行うと、大規模修繕を行うことができると自社が考える業者多数が応募をしてきます。

普段は戸建がメイン、たまに小規模マンションの大規模修繕を手がけている大規模修繕専門業者でない業者まで応募してくるようになります。数が集まるのはよいのですが、多く集まり過ぎると、すべての業者に対し調査、対応が必要になり、管理組合だけでは捌き切れなくなってしまいます。

もともと人数の少ない小規模マンションのことですから、業者選定作業で時間を取られ過ぎるのは大規模修繕計画を推進するためにはマイナスです。

したがって、ここで何とか手を尽くし、区分所有者の知合い、インターネットを使い、管理会社経由でない大規模修繕専門業者を探すことが必要になります。

⑤　業者選定

注文を取れた場合、プレゼンに現場責任者を務める人を参加させることがポイントです。

対住民と窓口になる人がどのような人かを知るのが表面上の目的ですが、裏の目的は自社施工業者か否かを見分けることです。

元請ですと、受注が決まった後にどの協力会社（下請業者）に依頼をするかを決めるので、業者間中間マージンが発生しない自社施工業者しかこれに対応ができないからです。

最終は、プレゼンで決める場合が大多数ですが、このプレゼンには役員全員参加することが重要です。

大きな金額が動く工事ですので、後から「欠席のときに勝手に決めた」とならないようにするためです。また、万が一の管理組合内からの情報漏えいを防止するためには、プレゼンを1日で終え、その日のうちに1社に管理組合内での内定業者を決める必要があります。

そのためには、1日で各社別にプレゼンを受け、十分な質疑応答の時間、相互に施工業者が鉢合わせをしないように十分な間隔の確保が必要になってきます。

プレゼン30～40分、質疑応答60分、業者間の間隔90分、このように考えると3、4社が限界ということがおわかりになるとお思います。

6　見積りだけで判断してはいけない

同じ仕様での見積りを取ることで、各社の見積りを公平に比較することは必要です。

しかし、先の項でも触れている「提案」の内容も、重要なチェックポイントになります。仕様を定めた見積依頼は、これと異なる仕様の見積りができません。例えこの仕様が過剰スペック、または修繕部位が不適当な場合でも、そのまま金額を入れるしかありません。

「提案」とは、仕様は参考にしつつ、自社であれば何を削り、何を加える、その理由は○○、その場合の見積りはこのとおりというような形式で提出されるものです。

何社かが同じように削減「提案」をしてくれれば、もとの仕様が過剰、逆に増加、品質アップの提案があれば、もとの仕様の品質が低すぎる可能性があることがわかります。

提案力が高い業者なら、不必要な箇所は削減、必要な箇所に費用を効果的に使うことで、費用対効果の高い大規模修繕ができる可能性が高まります。

7　最強の武器は質問力

前項で、「提案力」の話をしました。それだけでは、その提案が正しいか、費用対効果が高いのかは、素人では判断ができません。

そこで、業者Ａの提案を業者Ｂにぶつける等、鋭い質問を投げかけ、大規模修繕業者の本音を引き出せば、本当に優良な業者を選定することができます。

業者を単なる相見積りで比較するためだけの「道具」として使うのではなく、「大規模修繕の現場施工の専門家」の立場からアドバイスを無料で貰うという考え方です。

自社の受注もかかっていますので、自社の提案はよい点を多く、悪い点は少なく話しがちです。

他社の提案に対しては、特にその縛りはないので、公平な？　意見を聞くことができます。

そのようにクロスチェックすることで、普段知ることのない情報を知り、確かめることもできるようになります。

また、将来的に電気料金を削減する方法、管理費を削減できる方法、他のマンションのリノベーション事例等の情報収集源として利用するのも有効です。

追加工事の可能性もあるため、積極的に教えてくれますし、実際に費用対効果のよい工事であれば、先行投資として大規模修繕の項目にすれば、割安で施工できる可能性も出てきます。

大規模修繕の見積書を見るとわかるのですが、「実際の工事の名称」と「その他」があります。「外壁塗装工事」、「鉄部塗装工事」、「防水工事」、「タイル工事」、「シーリング工事」のような工事は、名称より工事内容が容易にわかります。

その他に、この工事を行うために必要な環境をつくるためにも、実は費用がかかっています。「共通仮設工事」、「直接仮設工事」、「諸経費」などは、この工事を行うための環境を整えるための費用になります。

この大規模修繕のためだけに準備した、足場、養生、現場事務所を他の工事を行うためにも使うことで、本来これと同じ費用が掛かるのを節約することができるのです。

これらの費用の中で一番高価のものは、「足場」です。この足場を使わなければできない工事を、まとめることで格段に経費の削減になるのです。

施工の種類、規模、総施工金額により割合は異なりますが、費用全体の約十数パーセントに当たるのが一般的です。

第6章　修繕するときにお金が足りなくて困った住人たち

1　詳細見積りを取る

したたかな管理会社は、最初に修繕積立金ギリギリ、または多少オーバーした概算見積りだけを出し、注文の内示を取ろうとします。正式の見積りをつくるためには、それなりの調査、工数、費用がかかるので、その前に内示を取り、その後に費用をかけて調査をしたほうが無駄な費用がかからないとの思惑です。

先行して、現地での劣化診断、仕様書の作成をして提出してしまうと、それをもとに他社に相見積り用に使われることを警戒してのことです。概算見積りの場合は、それが他社に流れたとしても見積り用の資料にはできないので安心だからです。

管理組合にも強みがあります。このことは、知ってはいても知らないふりをして、正式見積りを要求すればいいのです。例えば、「こんな資料では、理事会に出すこともできない」という言い方も有効です。これで、「理事会に出しさえすれば、契約が取れる」と思わせ、作成をさせることができれば成功です。数十万円は、管理組合として節約できたことになります。

もちろん、他社に注文、相見積りを取らない等の言質を与えることは厳禁です。

もし、これができなくても諦める必要はありません。相見積りを取るための基礎資料の共通仕様書を施工と切り離して優良で作成する業者を見つければいいのです。その費用は、相見積りによる競合状態をつくることにより、後から利子をつけて回収できること間違いありません。

2　分割施工を検討する

相見積りをしてコストダウンに成功しても、まだ修繕積立金が不足する事態の対応には、いくつかの手法があります。その1つが「分割施工」です。そのメリット、デメリットは、次のとおりです。

・メリット

① 借入れによる手数料、工数、金利がかからない

② 一時金の徴収をしなくてよい

・デメリット

① 共通仮設工事が余計にかかる

② 複数回施工による住民の生活上の負荷が増加する

【図表16　足場は総施工費用の10～20％もかかる】

デメリットを最低限に抑える方法として、「足場を必要な工事」と「足場の必要でない工事」に分割して施工するやり方があります。足場の費用は、総施工費用の10～20％にも及びますので、これを2回に分割する各々の工事に含めると総施工金が大幅にアップしますから、これを避けるわけです。

逆に、共通する仮設工事を1回で済ませられるように工事の日程を調整してもらうようにもっていくことも有効です。

具体的な工事としては、仮設トイレ、資材置き場、仮設事務所、安全誘導員、廃材置き場、仮設電源、仮設給水装置、荷揚げ費、作業車両対策費等がこれに該当します。

4 借入れを行う

大規模修繕を行うことになり、見積りを取って資金が不足した場合、借入れを行い、全施工を分割しないで行う方法があります。そのメリット、デメリットは、次のとおりです。

・メリット

① 共通仮設工事費用の軽減が図れる

② 大規模修繕分割による住民負担の軽減が図れる

・デメリット

① 借入れに対する費用、工数がかかる

② 金利がかかる

③ （後に借入分返済のための）修繕積立金の増額が必要になる

借入先により金利、期間等の返済条件は異なってきますが、本書ではこれがメインではありませんのでこの点については割愛します。

5　一時金の徴収

理想の計画的、段階的修繕積立金の値上げが失敗して資金が不足したとき、可能であれば一番望ましい手法が一時金の徴収となります。一時金の徴収のメリット、デメリットは、次のとおりです。

・メリット

①　金利、借入に伴う費用が発生しない
②　住民の生活上の負荷を軽減できる

・デメリット

①　区分所有者、全員の賛成が求められる

※原理原則の「修繕積立金の中で行うのが筋」を振り回されると説得が困難です。

6　大規模修繕工事を修繕積立金が積み上がるまで待つ

究極の「成行き任せ」の方法です。ただし、期間的にわずかか、修繕積立金の値上げと組み合わせる、分割施工と組み合わせるなど、やり方によっては現実的で賢い手法に変化します。

一般的なメリット、デメリットは、次のとおりです。

・メリット

① 金利、借入手数料が発生しない

② 区分所有者の賛同を取りやすい

③ （大規模修繕工事を分割しない場合）工事中の住民負担を軽減できる

④ （大規模修繕工事を分割しない場合）共通仮設費を節約できる

・デメリット

① 大規模修繕工事が延期されることで劣化が進行、予想外の修繕工事費用がかかる可能性がある

※これが唯一無二のマイナス要因です。計画の延長の幅が大きい場合、鉄部等早めの修繕なら塗装で済むところ、経年劣化が進んで腐食した場合、鉄部の修繕、最悪は交換までも必要となる可能性があります。

7 修繕積立金は運用すべきか

運用は避けるのが無難

基本、リスクを負える資金ではないので、増やすために投資を行うべきではありません。どのように安全に保管することができるかをまず考えることが重要になります。

修繕積立金は、小規模マンションでも、大規模修繕が近づくにつれ、数千万円にはなってきます。このお金は、不意の災害、事故の修繕に使われるため、すぐに引き出せることが求められます。ペイオフを考えても、１銀行に１，０００万円、数銀行に分割すれば安全に預け入れることが可能です。

当座預金ですと、利子はつきませんが、銀行の倒産にあっても預金は安全に保護されます。

※２０１６年３月25日よりゆうちょ銀行の預入限度額が１，３００万円に変更になりました。

銀行の普通預金口座、当座預金口座の他の資金の預け場所として、よく使われていいる保管場所としては、①日本国債と②すまい・る債があります。

①　日本国債

日本国債は、日本政府への貸付ですので、日本政府の保証がついています。世の中に１００％保証は存在しませんが、限りなく１００％に近い保証と僅かながらの利子がつきます。

②　すまい・る債

すまい・る債は、住宅金融支援機構が発行を行う10年満期の債券です。１年経過すれば、手数料なしで換金可能で、一定の利子がつき、積立も可能です。

修繕積立金は、長期修繕計画に基づき期間、専有面積で按分した額を各区分所有者が毎月積立てを行っています。何ごともなく、当初の長期修繕計画どおりに行われることは理想ですが、事故、災害等により計画にない支出の可能性もあります。これも考慮に入れ、「換金性」を重視して置き場所を決めることをおすすめします。

なぜなら、修繕資金が突然必要になり、本来修繕積立金より支払いを行うことができる額が、運用のために拘束され、新たに借入れ、利子を支払うこととなると、運用しないほうがかえってよかったという結果になりかねないからです。

運用の真の目的は、長期修繕計画で計画された修繕、予期せぬ修繕に備え、それに充当する費用を少しでも厚くし、資金不足により修繕できないことを防止することにあります。

金融的なことでの安全、かつ確実な運用には、プロが行っても100%の成功が保証されない中、金融の素人集団が運用益を叩き出すことに無理があるのです。

固定費を削ることを考える

結果的に、手元に残る資金を増やす方法として、お金を運用してお金を増やす方法の他に、今までかかってきた固定費、間違いなく今後も支払い続けるであろう固定費を削るという方法もあります。

例えば、初期投資に100万円かかっても、10年で200万円その固定費が節約できれば、結果的に100万円の資金で100万円の運用益を出したことと同じ結果を得ることができます。

方法は、いくつかありますが、その中で電気料金の節約というのもあります。

電力料金というと、使えば使う程料金がかかるので、電力料金を減らすためには、電力の使用量

【図表17　電力料金の削減を考える】

電力料金	＝	使用量	×	契約単価

を減らすより他の手段がないと思われている方も多いと思います。

電力料金は、電力会社と単位単価を決めるとの契約を締結、月ごとに使用単価と使用量を掛け合わせて、算出された料金を請求され支払っています。

電力料金を下げるためには、使用量を下げる他に契約単価を下げるという方法もあります。契約単価が下がれば、「同じ電力を使っても、電気料金が下がる」ことになります。

①　電力使用量を減らす

代表的なものは、共用部の照明です。過去も、これからの将来も、ずっと夜間照明が必要なことは変わらないことでしょう。

従来の照明の電球を交換して照度を落とす、電灯数を減らす、このようなことをせず、逆に少ない電力で、明るく照らすＬＥＤにするだけで、自動的に電気使用量を減らすことができます。

また、この他にもＬＥＤ電球の長寿命という性質により、電球の交換費用も節約ができ、更なる効果が期待できます。

もっとも、これには、ＬＥＤ化するために電気工事が必要になります。

今後節約できる電気量、そのために支払うべき電気料金をシュミレーションにより算出し、ＬＥＤ化の工事費用と比較してメリットがあれば行うことで電力料金を節約することができます。

② 契約単価を下げる

「電力会社と単位単価を決めるとの契約を締結」して電力料金を支払っていることをお話しました。

単位単価は、契約の種類によって異なります。契約の種類を変更することにより、単位単価を下げることが可能なのです。

マンションを建設する際に電力が必要であり、マンション建設業は電力会社と契約を結び、その電力を使います。そして、その契約のまま分譲されているケースが大多数です。

多少専門的になりますが、多くは「負荷設備契約」です。

この契約、大きな電力を継続して使用するのに適した契約、マンションを建設する際に確実に電力提供するには適した契約です。

ただし、マンション分譲後にはこのような必要性は著しく低下します。そこで、これを「主開閉器契約」に切り替えることにより、契約単価を引き下げることが可能となります。

そのためには、一定の電気工事が必要になりますので、これも、今後、節約できる電気料金をシュミレーションし、工事費用と比較しメリットがあれば行うことで、電力料金の節約を図ることができます。

第7章　賢く大規模修繕をした人たち

1　その見積りは修繕積立金を500万円オーバーしていた

当社のサイトをご利用になり、登録業者に大規模修繕工事を依頼された管理組合の第14期理事長Rさんにインタビューを行いました。

マンションRの概要は、次のとおりです。

地上4階建、敷地面積：765・14㎡、建物面積：384・78㎡、延べ床面積：1282・13㎡、総戸数：18戸（他に管理人室）、機械式駐車場：3基、竣工：平成9年。

大手の下請で実績豊富な業者に安く直接発注できた

―マンションRでは、大規模修繕をいつ実施しましたか。

R　2013年7月末から10月半ばにかけて、実質3か月で大規模修繕を実施しました。今、工事が完了して約2か月が経ったところです。

―今回の大規模修繕は、どのような施工業者に依頼しましたか。

R　「大規模修繕比較.com」で紹介されていた3社から、価格や工事内容などの条件が最も優れていた施工業者を選び、直接依頼しました。

―費用は予算内に収まりましたか。

Ｒ　はい。予算よりかなり安い金額で、こちらが希望するすべての工事を実施してもらえました。これまで積み立ててきた修繕積立金を、次回のためいくらか残しておくことができました。

【解説】

今回、マンションＲの管理組合様が依頼されたのは、大手建設会社の下請でマンション大規模修繕を長年手がけてきた実績豊富な施工業者です。

大手建設会社の下請といっても、大手から文字どおり〝丸投げ〟で施工を請け負っている業者ですから、マンション大規模修繕にかかわるすべての工事を自社で施工・監理できます。したがって、下請というより、むしろ〝実質的な元請〟と呼んでいい施工業者です。

このように大手建設会社からの丸投げで大規模修繕を請け負っている実質的な元請業者は、元請である大手建設会社との契約上、自社で施工した大規模修繕を自社の実績として公表することができません。マンション管理組合との打合せや工事現場で、自社の名前を出すこともできません。ホームページを持っていることさえまれです。

そのため、マンション大規模修繕を実際に請け負っている実質的な元請業者を、一般の方が直接見つけ出すことはまず不可能です。

実は、当社も登録業者さんを探して登録いただいたからではなく、当社サイトの趣旨に賛同いただいた大規模修繕業者さんから自らコンタクトいただき、お話を伺って豊富な実績を持つ実質的な元請業者さんであることが後からわかったという経緯があります。

管理会社の見積りは修繕積立金を５００万円オーバーしていた

―大規模修繕の必要性を感じたのはいつ頃でしたか。

R　5年前、ちょうど築10年になったとき、建物診断を実施した管理会社から、劣化箇所の指摘とともに大規模修繕の提案を受けました。

劣化を指摘された箇所を見ると、屋上面の爆裂、壁面タイルの浮きやはがれ、長尺シートのめくれ、ガスメーターのパイプのサビなどがあり、立体駐車場は塗装がはがれてサビがむき出しになっていました。大規模修繕が必要であることは、素人目にも明らかでした。

竣工後5～6年経った頃、マンション販売会社から提示された「長期修繕計画」でも、築10年での大規模修繕の実施は予定されており、そのための費用も「修繕積立金」として積み立ててありました。

ただ、いざ大規模修繕に踏み切るとなると、住民の意見の集約や業者の選定など、何かと煩雑なこともあり、実施は何年も見送られ続けてきました。

その後も、理事会のたびに、管理会社から、大規模修繕の必要性は聞かされていました。

―大規模修繕の実施に踏み切ることをいつ決めましたか。

R　昨年6月です。私が管理組合理事長に就任したのを機に、「このまま放置すれば、マンションの劣化がさらにひどくなり、修繕費が余計にかさむ」と考え、理事会に諮り、大規模修繕の実施を決定しました。

理事会には、管理会社も同席していましたので、大規模修繕の実施を決定して間もなく、管理会社から見積りが提示されました。

―管理会社の見積りはいかがでしたか。

R　管理会社の見積りは、修繕積立金の残高を500万円オーバーしていました。

費用が修繕積立金の残高を超えてしまうと、その分はマンション住民から追加徴収するか、銀行から借り入れるかしなければなりません。理事会や総会の同意を取りつけるのも難しくなります。

そこで、納得のいく条件で修繕できるように、他の業者からも見積りを取ることにしました。

【解説】

―「大規模修繕比較.com」の長岡さんに質問です。なぜ、マンション管理会社の見積りは、修繕積立金をオーバーすることが多いのでしょうか。

長岡　マンション管理会社の見積りが修繕積立金をオーバーすることが多い理由は、主に3つあります。

1つ目は、大規模修繕をマンション管理会社に依頼すると、無駄な中間マージンが二重に発生するからです。

マンション管理会社は、大規模修繕を親会社であるマンション建設会社に丸投げします。マンション建設会社は、施工・監理にかかわる一切を実質的な元請業者に丸投げします。いずれの段階でも、多額の中間マージンが発生します。

2つ目は、マンション管理会社に依頼すると、価格競争が働かないからです。マンション管理会社は、マンション建設会社の子会社です。施工業者もマンション建設会社の関連会社に決まるのが普通です。これでは、ほとんど売り手側の都合だけで価格が決まってしまいます。

3つ目は、マンション建設会社が、マンション販売時に大規模修繕の費用を低めに見積もって修繕積立額を決めていることが多いからです。

マンション建設会社は、マンションを販売する際、区分所有者が支払う費用を少しでも安く見せようとします。そのため、毎月の修繕積立額が低めになるように、大規模修繕の費用を見積もる傾向があります。マンション販売時に低めに見積もられていた修繕費用と、実際に修繕が必要になった段階で見積もられた費用の差が原因で、見積額が修繕積立金をオーバーすることも多いようです。

コンサルタントにもマンションを見てもらったが結局依頼しなかった

―マンションの大規模修繕を請け負う業者をどのように探しましたか。

R　コンサルタントを使わなくても、施工業者と直接交渉して何の問題もありませんでした。インターネットで、「マンション　修繕」などをキーワードに検索しました。

マンション大規模修繕のコンサルタント会社のサイトがいくつかと、「大規模修繕比較.com」のサイトが見つかりました。

―施工業者のサイトは見つかりましたか。

R　よく調べれば、施工業者のサイトも見つかったのかもしれません。ただ、私が見た範囲にはありませんでした。

―コンサルタント会社と「大規模修繕比較.com」のサイトが見つかった後、どのように行動しましたか。

R　いつくか見つかったコンサルタント会社の中から、感じがよさそうだった1社を選び、電話をかけました。「相談は無料」とのことだったので、マンションまで来てもらい、説明を聞き、マンション全体を一通り見てもらいました。

「大規模修繕比較.com」からは、今回依頼した施工業者を含め、３社を紹介されました。

―コンサルタント会社との話はその後どうなりましたか。

R　その後、何度か電話がかかってきましたが、結局、コンサルタントは使わないことにしました。コンサルタントを使うとなると、コンサルタント料の予算を別に確保しなければなりません。それは面倒に感じました。これぐらいの規模のマンションの改修なら、コンサルタントを挟まず、施工業者と直接交渉したほうが話が早いと思いました。

【解説】

—コンサルタントを使わないことに決めたRさんの判断をどう評価しますか。

長岡　この規模の大規模修繕でコンサルタントを使わなかったのは、賢明な判断でした。

コンサルタントに業者の選定や施工の監理を依頼する方式を「設計監理方式」(=コンサルタントに依頼する方式)といいます。一方、施工業者に直接発注する方式を「責任施工方式」(=施工業者に直接発注する方式)といいます。

発注額が1億円を超えるような大規模工事なら、「責任施工方式」よりも「設計監理方式」のほうがコストを抑えられるケースが多くなります。また、100世帯以上の規模のマンションの大規模修繕を実施する場合、住民の合意を取りつける作業も煩雑になりますので、コンサルタントに住民の合意の取りまとめを代行させるメリットも出てきます。

これに対して、世帯数が数十世帯以下のマンションの大規模修繕では、コンサルタントが入ることで削減できるコストよりも、コンサルタント料のほうが高くなってしまうのが普通です。「大規模修繕比較.com」を利用すれば、複数の施工業者を競わせて最も条件のよい業者に発注できるので、コンサルタントを使わなくてもコストの削減は可能です。

また、数十世帯以下のマンションの大規模修繕であれば、住民の合意の取りまとめも、一般にそれほど難しくありません。

マンション大規模修繕コンサルタントが書いた書籍やウェブサイトを読むと、「責任施工方式は、施工の品質リスクが高い」と書かれていることがありますが、そんなことはありません。万が一工事に不備があっても、各施工業者が加入している瑕疵保険がありますから、追加負担なしで工事をやり直させることができます。

管理組合の理事会で住民の合意を取りまとめられるなら、数十世帯規模のマンションの大規模修繕でコンサルタントを使うことはおすすめできません。

管理会社を関与させずに施工業者を選定

――「大規模修繕比較.com」から施工業者を3社紹介された後、どのように施工業者を選びましたか。

R　まず、管理会社から提出された見積書の金額欄を塗りつぶし、図面その他の資料をすべて添え、紹介された3社に送りました。間もなく、各施工業者の見積りが送られてきました。

3社のうち1社の見積りは、管理会社の見積りとほぼ変わらない金額でしたので除外しました。残り2社のうち1社の見積りは、修繕積立金の残高とほぼ同額でした。もう1社の見積りは、修繕積立金の残高よりかなり安い金額でした。この2社に何度か来てもらい、管理組合理事たちの前でプレゼンテーションをしてもらいました。

プレゼンテーションをしてもらった2社のうち、見積りが高かったほうの業者も、「追加工事が発生した場合も追加料金なしで請け負うことを保証している」、「担当者の対応に非常に安心感がある」といった強みがあったため、単純に価格のみでの比較はできませんでした。

私たちが独自に施工業者を選定し始めたことを管理会社に伝えたところ、管理会社も価格を引き下げた見積りを提示してきました。ただ、管理会社から再提出された見積りは、「大規模修繕比較.com」から紹介された施工業者の見積りに比べると工事内容が見劣りするものでした。そのため、管理会社は発注先の候補から外すことにしました。

残った2社と価格や工事内容についての交渉をさらに重ね、最終的に最も納得のいく条件を提示してくれた1社に発注することを理事会で決議しました。

理事会の決議は、総会でも問題なく承認され、施工業者が正式に決まりました。

―施工業者を選ぶ理事会に管理会社は出席していましたか。

R　通常の理事会には管理会社も出席してもらっていましたが、施工業者を選ぶ理事会は管理会社を出席させずに行いました。

【解説】

―施工業者を選ぶ理事会に管理会社を出席させなかった判断をどう評価しますか。

長岡　これも賢明な判断でした。「施工業者を選ぶ理事会には、管理会社を出席させない」というのは、意外に忘れやすいポイントです。

管理会社の社員が、管理会社の社員であることを伏せてマンション管理組合の理事会や総会にもぐり込み、工事を管理会社に発注するように仕向けるケースもあるので、注意が必要です。

時々、「マンション管理組合は、管理会社の指示に従わなければならない」と考えている方がいらっしゃいますが、話は全く逆で、管理会社は、マンション管理組合が雇う業者に過ぎません。

管理会社の言いなりになることなく、マンション区分所有者全員の利益になるような業者選びをしていただきたいと思います。

この点、Ｒマンションの管理組合様は隙のない運営をされました。

住民とのコミュニケーションもしっかり取りながら工事してもらえた

―実際の施工はいかがでしたか。

Ｒ　施工業者に直接発注するメリットは、価格だけではありません。さすが実績のある施工業者さんだけあって、施工の計画・準備段階から、私たち理事やマンション住民とのコミュニケーションをしっかり取りつつ、１つひとつ着実に作業を進めてくれました。

計画段階では、あらかじめマンション住民の方にアンケートを取り、修繕箇所に漏れがないか確認してくれました。

工事が始まってからは、エントランスホールに工事日程表を掲示し、「きょうはどこでどのような工事が行われているのか」が一目でわかるようにしてくれました。

エントランスホールにはアンケート箱も設置し、マンション住民が工事への要望を出しやすくしてくれました。

作業員のみなさんのマナーもよかったです。１日の工事の始まりと終わりには、インターホンで「今から工事を始めます」「きょうの工事はこれで終わりました」と挨拶をしてくれました。

夏の暑い盛りに汗だくになって一生懸命作業してくれて、とても印象のよい業者さんでした。

【解説】

――実際の施工に対する評価を聞いた感想はいかがですか。

長岡　今回ご紹介した業者の施工にご満足いただき、大変嬉しく思っております。

マンション監理会社や大手大規模修繕業者を通さず、実質的な元請業者に直接発注するメリットは、コストを抑えられることだけではありません。〝より丁寧な工事〟、〝より丁寧な対応〟を期待できることも、実は大きなメリットです。

大手建設会社の下請で、自社名を出すことを禁じられた状態で仕事をしている多くの業者は、「いつか自社名で工事を請け負いたい」という思いを強く持っています。

直接発注であれば、施工する側も、「自分たちの社名にかけて」という意気込みで工事に打ち込めます。

一般に、工事というのは、外から見えない部分をどれぐらい手抜きせずに行うかによって、工事直後の仕上がりが何年持つかが大きく違ってきます。

下請工事だからといって手を抜くことはないにせよ、直接発注のほうが丁寧な工事を期待できることは否定できません。

こうした自社請負に強い意欲を持つ施工業者が、「大規模修繕比較.com」には数多く登録されています。

これから大規模修繕をするマンション管理組合の方へのアドバイス

―これから大規模修繕をするマンション管理組合の方に、何かアドバイスがあればお願いします。

R　大規模修繕となると管理会社の主導になりがちだと思いますが、管理会社の言うことを鵜呑みにせず、数社から相見積りを取ることをおすすめします。

施工業者を決めるに当たっては、必ずしも値段だけで選ぶのではなく、直接話をして、誠意を感じる業者さんを選ぶほうがいいと思います。施工業者の選定過程などは、マンション住民のみなさんに小まめに伝えたほうが、総会で決議する際、総意を得られやすいと思います。

工事が始まってからは、気づいたことがあれば遠慮せずに業者さんに伝えて、長い目で見て納得のいく修繕にしてほしいですね。

―貴重なお話をありがとうございました。

2　築39年のマンションを大規模修繕した

築39年のマンションSを大規模修繕した管理組合の第39期修繕委員長Oさんのインタビューです。

マンションS概要は、次のとおりです。

所在地：埼玉県志木市、構造は鉄骨鉄筋コンクリート造、規模：地上7階建、敷地面積：

894㎡、建築面積：418㎡、延床面積：3011㎡、総戸数：35戸（他に管理人室1）、竣工：昭和49年。

Ｏ　平成25年10月から平成26年1月まで、埼玉県志木市のマンションSの管理組合の修繕委員長を務めました。

このマンションに入居したのは21年前です。入居して5年目あたりから、管理組合の役職を5年おきぐらいであれこれ引き受けるようになりました。理事長も何度か務めました。最近は、区分所有者の高齢化が進み、3～4年に1回は何かの役職が回ってくるようになっています。

今回の修繕に当たっては、「マンション管理会社に工事を丸投げしない」というのが区分所有者のコンセンサスでした。

—マンションSでは、大規模修繕をいつ実施しましたか。

Ｏ　平成25年の秋から翌年初めにかけて実施しました。前回実施したのは平成8年でしたから、17年ぶりの大規模修繕でした。

—今回どのような大規模修繕を実施しましたか。

Ｏ　今回は、建物躯体に入ったひび割れの補修、躯体開口部のシーリング打ち直し、内外壁および鉄部の塗装などの一般的な大規模修繕に加え、給水設備の改修も行いました。

—給水設備をどのように改修しましたか。

Ｏ　給水設備に関しては、地下の受水槽を廃止し、市営水道から直接屋上の水槽に揚水する方式に切り替えました。市営水道からの導水管、屋上水槽への揚水管、量水器廻りの給水管を交換し、ポンプも更新しました。また、消防設備も改修しました。

希望するすべての工事を実施し、次回の工事の資金も残せました。

―今回の大規模修繕を、どのような施工業者に依頼しましたか。

Ｏ　今回は、「大規模修繕比較.com」で紹介された施工業者２社のうちの１社に依頼しました。

【解説】

―「大規模修繕比較.com」でマンション大規模修繕についての相談に応じている長岡さんに質問です。

今回、マンションＳの管理組合が大規模修繕を依頼したのは、どのような施工業者ですか。

長岡　談合を防ぎ、中間マージンを省いて工事費を節約できるだけでなく、マンションごとのニーズに即した技術を持つ施工業者を見つけられることも「大規模修繕比較.com」をご利用いただくメリットです。

今回、マンションＳの管理組合様が依頼されたのは、関東一円で年間60棟以上のマンション大規模修繕を手がける、比較的規模の大きな施工業者です。

「大規模修繕比較.com」には、各都道府県で大手建設会社からの〝丸投げ〟（つまり実質的な元請として）でマンション大規模修繕を監理・施工してきた、資本金１，０００万円クラスの施工業者が多数登録されています。また、今回のような、都道府県をまたいで事業を展開する中堅規模の施工業者も登録されています。

マンションSの管理組合様では、業者を選ぶ指標として「資本金の規模」と「直近の施工件数」を重視されるとのことでしたので、「大規模修繕比較.com」登録施工業者の中でも特にこの2点に強みのある施工業者を紹介させていただきました。

また、今回は、「建物躯体の補修」や「給水設備の改修」を伴う大規模修繕ということでしたので、これらの工事実績があるかどうかもチェックしました。

施工業者と一口に言っても、それぞれ得意分野が異なります。「大規模修繕比較.com」では、施工業者に登録してもらう際、施工実績の内容を細かく確認しています。そのため、各マンション管理組合様のニーズに合った施工業者をご紹介できるわけです。

実は、一般の方が、このように各マンションに必要な工事の技術を自前で持つ施工業者をネットなどで見つけるのはほぼ不可能です。マンション大規模修繕を実際に監理・施工している施工業者の多くは、大手建設会社からの丸投げで工事を請け負っているため、元請会社との契約上、自社の実績をホームページで公表できないからです。

―Oさん、大規模修繕の費用は、予算内に収まりましたか。

O　はい。給水設備の更新も含めて、こちらが希望したすべての工事を予算内で実施してもらえました。大切な修繕積立金をすべて使い切ってしまうことなく、次に工事が必要になったときのための資金を残しておくことができました。

―大規模修繕について管理組合で検討し始めたのはいつ頃でしたか。
Ｏ　具体的に検討し始めたのは、1昨年の秋頃です。
本来は、約10年ごとに実施すべき工事ですし、そのように定めた長期修繕計画も存在していました。マンション管理会社からは、前回の実施から10年が経過した平成18年頃から、折にふれて大規模修繕の提案がされていました。

しかし、修繕積立金が費用をまかなえる金額まで達していなかったこともあり、実施はずっと先延ばしになっていました。

―ずっと先延ばしになっていた大規模修繕を、どのようなきっかけで検討し始めましたか。
Ｏ　1つには、マンションが築40年近くなり、鉄製の給水管がそろそろ寿命に差しかかってきたことが大きかったです。このまま放置しておくと、水質が悪化し始めたり、破裂・漏水したりする恐れがありました。
また、東日本大震災のときに外壁にできた小さなひび割れも気になっていました。

もう1つ大きかったのが、消費税率の改定が1年数か月後に迫っていたことでした。増税前にすべての工事を終えるには、増税の半年前には着工しなければ間に合わなくなる恐れがあり、その時点で準備を始める必要があることに気づきました。


【解説】

マンション大規模修繕の準備を進める上で、消費税率の改定は無視できない要素です。消費税が

2%上がれば、3,000万円の工事なら60万円、5,000万円の工事なら100万円余計に費用がかかります。

「責任施工方式と設計監理方式のどちらにするかを決める」、「建物の劣化状況を調べる」、「工事の仕様を決める」、「区分所有者の合意を取りまとめる」、「施工業者を選ぶ」と必要な手順を踏んでいるうちに、1年ぐらいはすぐに過ぎてしまいます。

また、工事自体も最低3か月はかかります。予期せぬ原因で遅れややり直しが出ると、完了までに半年近くかかる場合もあります。

マンションの大規模修繕は、消費税率改定の1年以上前から準備を始めて、ようやくぎりぎり間に合うかどうかというスケジュール感覚で取り組んでください。

建替えは現実的ではなかった

—マンションを建て替えることは検討しませんでしたか。

O　さすがに築40年近いということで、「建て替えたほうがいいのでは」という区分所有者もいました。しかし、現実的には、建替えは不可能な状況でした。建替えるとなれば、費用の面でも手間の面でも、大規模修繕をはるかに上回る負担が発生します。

せめて建替えを機に、7階建てのマンションを10階建てぐらいにできれば、戸数を増やすことで区分所有者1人当たりが負担する建替え費用を減らせるかもしれません。

しかし、志木市では、平成20年に、景観保護の観点から、特定区域の建築物の高さを25m（おおむね7～8階）以下に規制する都市計画が定められました。このマンションがある地区もその高さ規制区域に指定されています。

高層化が法的に不可能な以上、建て替えた場合の費用は、既存の区分所有者が全額負担しなければなりません。そのような負担の大きい案が、区分所有者の大多数に支持される見込みはありませんでした。

【解説】

―長岡さんに質問です。このようなマンションの戸数を増やしながらの建替えを規制する条例は、志木市以外にも見られるのですか。

長岡　同じような条例は、志木市以外にも見られます。

現在、国の政策として、マンションの建替えを促進する動きがあり、容積率規制の緩和が検討されているとの報道もあります。しかし、こうした景観保護の観点や、小中学校等のインフラ需給逼迫防止の観点から、マンションの高層化に規制がかかるケースは引続き多いと予想されます。

かつては、区分所有者全員が同意しなければ実施できなかった建替えも、現在は区分所有者の8割が同意すれば実施できます。とはいえ、現実には8割の同意というのも高い壁です。

法的な環境が整うのを待ち、区分所有者同士の議論を続ける間にも、建物の経年劣化は進んでいきます。建替えを視野に入れて大規模修繕を先延ばしにするのは、得策ではないケースがほとんどでしょう。

「マンション管理会社に丸投げしない」が区分所有者のコンセンサス

—大規模修繕を実施することが決まった後、修繕計画をどのように詰めていきましたか。

O　劣化診断と工事仕様書は、マンション管理会社に有料で依頼しました。まず、これはどこのマンションでもそうだと思うのですが、まだ計画の段階で大規模修繕に関心を持ってくれる方は、区分所有者全体の3分の1程度でした（笑）。

とりあえず関心のあるメンバーの間で意見が一致していたのは、「マンション管理会社に工事を丸投げしてはならない。複数の施工業者から見積りを取った上で工事の発注先を決めなければならない」ということでした。

—なぜ、区分所有者の間で「マンション管理会社に工事を丸投げしてはならない」というコンセンサスがあったのですか。

O　前回、17年前の大規模修繕を含め、これまで様々な工事をマンション管理会社に任せてきたのですが、請求される費用が少々高いという印象がありました。

私自身は直接関わらなかったのですが、5年ほど前に屋上の防水層を改修したときは、相見積りを取った上で別の施工業者に発注し、費用を抑えることができました。そこで、今回も、複数の施工業者から見積りを取って費用をできるだけ抑えようという話になったのです。

とはいえ、このマンションの状況を一番よくわかっているのはマンション管理会社です。確かに、自分たちで見つけた施工業者に直接発注すれば、マンション管理会社の中間マージン分は節約できるでしょうが、修繕すべき箇所が修繕されないようでは困ります。また、マンション管理会社には、この先も様々な場面で力を借りる必要があります。

そこで、「建物の劣化診断」と「工事仕様書の作成」をマンション管理会社に有料で依頼し、作成してもらった工事仕様書をもとにマンション管理会社を含む複数の施工業者の見積りを取ることにしました。

―マンション管理会社は、「建物の劣化診断」と「工事仕様書の作成」をいくらぐらいで引き受けてくれましたか。

O　50万円ほどで引き受けてくれました。

【解説】

―長岡さんに質問です。「建物の劣化診断」と「工事仕様書の作成」で約50万円という金額は妥当ですか。

長岡　「建物の劣化診断」と「工事仕様書の作成」で約50万円というのは妥当な金額です。

マンションの大規模修繕には、コンサルタントに施工業者の選定や施工の監理を依頼する「設計監理方式」と、施工業者に直接発注する「責任施工方式」の2つの方式があります。「設計監理方式」で大規模修繕を行うと、コンサルタントに支払う費用が200万円～300万円にもなります。

「無料で劣化診断を行う」というコンサルタント会社や施工業者もありますが、劣化診断の費用が別の費用に上乗せされているに過ぎません。

施工業者の選定をコンサルタントに依頼すると、コンサルタントと施工業者の間で談合が発生しやすく、この点でも工事費用が高くなりがちなのも問題です。

談合による工事価格の吊上げが発生しやすいのは、マンション管理会社に工事を丸投げする場合も同じです。マンション管理会社と懇意の施工業者に発注されてしまうので、価格競争が働かないのです。

50万円程度でマンション管理会社に「建物の劣化診断」と「工事仕様書の作成」をさせた上で、工事仕様書をもとに複数の施工業者を競わせて、最も条件のよい施工業者に直接発注するというのは、たいへん賢明なやり方でした。

このやり方で工事仕様書を作成すれば、管理組合に建築の専門家がいなくても、適正な大規模修繕を、コンサルタントを入れるよりはるかに安く実施できます。

―マンション管理会社に劣化診断を実施してもらった後は、どのような流れになりましたか。

O　劣化診断で修繕が必要とされたそれぞれの箇所について、どの程度の修繕を実施するか、修繕委員会で議論しました。給水設備をどのように更新するかについても、議論を重ねました。工事の仕様を詰めるのに、半年以上はかかりました。

工事の仕様が決まったところで、施工業者の選定に入りました。「消費税率改定の半年前には着工」というタイムリミットがあったので、けっこうあせりながら施工業者を探しました。

条件を満たす施工業者がネットでは見つからなかった

―施工業者をどのように探しましたか。

Ｏ　マンション管理会社の上手な使い方やプレゼンテーションの進め方について、「大規模修繕比較.com」の長岡さんにアドバイスしてもらいました。私たち区分所有者の中に建築士の方がいたので、その方のアドバイスに従い、「資本金の規模」と「過去3年の施工件数」が一定レベル以上の施工業者に候補を絞ることにしました。質の低い施工業者に当たることは避けたかったので、要求レベルは厳し目に設定しました。

また、今回は、建物の躯体補修や給水設備の更新を含めての大規模修繕ですので、塗装が専門の施工業者は候補から外しました。

早速、ネットで施工業者を探し始めましたが、条件を満たす施工業者はなかなか見つかりませんでした。

このマンションを建てた大手ゼネコンに問い合わせようかという話も出ましたが、小さなマンション管理組合が大手ゼネコンと直接取引するというのも、やはり現実的ではありません。

ネットで施工業者を探しているうちに、「大規模修繕比較.com」のサイトが見つかりました。

複数の施工業者を無料で紹介してくれるとのことで、興味を持ちました。

施工業者のホームページはいろいろ見つかりましたが、複数の施工業者を比較できるページは、他に見当たりませんでした。

マンション大規模修繕に関する記事をあれだけのボリュームで掲載しているサイトは、他に見当たりませんでした。お金をあまりかけずに運営している様子なのも、かえって好印象でした。

―「大規模修繕比較.com」のサイトの中で、どの記事が印象に残りましたか。
O　いや、実を言うと、記事のほうはほとんど読みませんでした（笑）。とりあえずフォームから資料を請求して、届いた資料にざっと目を通し、すぐメールで施工業者の紹介を依頼しました。
その際、「資本金の規模」と「過去3年の施工件数」についての条件も伝えました。

すぐに「大規模修繕比較.com」から返信があり、条件を満たす施工業者2社を紹介されました。

「大規模修繕比較.com」からは、相見積りを取る際のマンション管理会社の上手な使い方についてのアドバイスももらいました。

他に、区分所有者の知合いの施工業者1社、理事経験者がネットで見つけた施工業者1社、それにマンション管理会社を加えた計5社の相見積りを取ることになりました。


見積りには1，000万円近い開きがあった

―5社の見積り価格には、どれぐらいの開きがありましたか。

Ｏ　一番高い施工業者と一番安い施工業者で1，０００万円近い開きがありました。５社のうち３社は、修繕積立金の積立額ギリギリの価格でした。残り2社のうち1社は、積立額よりも約７００万円安い金額でした。１社は、積立額を３００万円ほどオーバーしていました。

―5社から見積りが提出された後、施工業者の選定をどのように進めましたか。

Ｏ　価格だけで施工業者を決めるわけにいきませんので、各社の技術力や信頼性を判断するため、修繕委員会の前でプレゼンテーションしてもらう機会を設けました。プレゼンテーションには、見積りを取った5社のうち４社に参加してもらいました。

「大規模修繕比較.com」からは、プレゼンテーションの進め方についてもアドバイスがありました。

―プレゼンテーションで印象に残ったことはありますか。

Ｏ　建物の外に組まれた足場からの夜間の防犯対策など、プレゼンテーション内容そのものには、施工業者間でそれほど大きな違いはありませんでした。ただ、プレゼンテーションに対する熱意には、施工業者によってかなり差がありました。

施工業者決定のポイントは価格、現場監督の信頼性、熱意

―最終的に、「大規模修繕比較.com」から紹介された施工業者を選んだポイントを教えてください。

Ｏ　ポイントは３つありました。

1つ目は、価格です。今回選んだ施工業者は、他の3社より500万〜600万円安い価格でした。

2つ目は、現場監督の信頼性です。担当の現場監督が、大手ゼネコンを渡り歩いてきた経験豊富な方で、こちらからの専門的な質問にもしっかり回答してくれて、安心できると感じました。

3つ目は、熱意です。プレゼンテーションに熱意があって、この会社に任せれば親身になって対応してもらえると感じました。

前回よりも満足のいく大規模修繕修繕ができました。

工事期間中のコミュニケーションも濃密だった

―工事期間中、印象に残ったことはありますか。

O　工事が始まってからも、工事の進め方について現場監督の方が頻繁に確認に来たのが印象に残っています。

最初は少しわずらわしくも感じたのですが、考えてみればこのマンションの工事に携わるのは初めての会社なのですから、そうやって濃密にコミュニケーションをとるのも大事なことですよね。後になって取り返しがつかなくなるより、そうやって細々と確認してもらったほうがずっといいです。

おかげで、私としては、前回の大規模修繕よりも満足のいく修繕ができました。

素人感覚でも気になったことは遠慮せず伝えたほうがいい

―これから大規模修繕をするマンション管理組合の方に、何かアドバイスがあればお願いします。

Ｏ　工事中に何か気になったことがあったら、つまらないことでも現場監督の方に伝えたほうがいいですね。住民の立場じゃないと気づかないことというのはどうしてもあるので、言いにくいことでも遠慮せず伝えたほうがお互いスムーズだと思います。

【解説】

施工業者と密にコミュニケーションをとることは大事です。

工事の仕様にしても、作業の進め方にしても、「これぐらい当たり前だから言わなくてもわかるだろう」と思っていることが、住民と施工業者で違っているために後々トラブルになることはよくあります。

当たり前のように思えることでも、念のため１つひとつ施工業者に確認することが、大規模修繕で後悔しないコツです。

３　ネットで修繕業者を見つけて大正解

筆者が大阪府下に所有する築25年になる７階建の鉄筋コンクリートの賃貸マンション（住居：３ＤＫ・24戸、テナント：５戸）ですが、１度も大規模修繕工事をしたことがない物件でした。クラックだらけでひどい状態でした。

今回、大規模修繕工事を行うに当たり、テレビにも出演した社長の経営する業者を含め、大手の業者からの見積りを集めました。

あまりにも高いという直感もあり、ネットでふと見つけた「大規模修繕比較.com」に興味を持ち、小さな会社であったのですが、数社の紹介をいただき、その2、3社から見積りをいただきました。

その結果は、大手業者より30～40％安かったのには、驚くとともにこのような業者を信頼してよいかという不安もありました。

しかし、業者様と直接お会いしてお話を聞くうちに、不安もほとんど消えたので、お願いすることにしました。

以下に大規模修繕工事に関し、不安に思ったこと、逆に意外といったら失礼ですが、予想以上によかったことに触れておきます。

一般に大規模修繕工事、リフォーム等の工事費はピンキリで、概して大手の業者は割高です。

その理由としては、立派なオフィスを構え、営業マンを雇い、人件費をかける等の大きな経費負担を強いられていることです。

それに加え、直接工事をせず、下請・孫請業者に工事をさせます。この構図からして、当然の成り行きとして、工事費は高くならざるを得ません。

そこで、施主側は、従来の下請・孫受業者様に直接工事を請けてもらうことがポイントになります。

しかし、依頼主は、これらの下請・孫請業者様をどのように探すのかという大きな壁に突き当ります。これを突破するのは至難の業です。

それを手助けしてくれたのが、「大規模修繕比較.com」です。

さて、紹介していただいた業者様は、意外にも職人気質の方がほとんどでした。

その中で、筆者のお願いした業者様は、現場の大阪から遠く離れた四国の徳島だったため、やり取りは主にメールと電話でしたが、工事完成までに逐一工事の進行具合を連絡していただき、信頼関係の中、工事完了まで1度も現場視察をせずに工事を完了することができました。

また、完了後には、各箇所の修繕作業の様子や外観の大規模修繕前と後の写真を1冊に綴じて送ってくださいました。

出来栄えは予想どおり、大変満足できるもので、これなら知人、友人にもおすすめできると今は感謝の気持ちで一杯です。

4　専有面積平均70㎡、30戸のマンションの大規模修繕事例

修繕積立金残高2，400万円対概算見積り4，000万円

２０１０年度に計画された大規模修繕も、３年を経てようやく完了させることができました。

前年度に行われた劣化診断をもとに、管理会社からの概算見積りと長期修繕計画を確認するとこ

ろから具体的な活動が開始されました。

２０１０年度末の修繕積立金残高は、約2，４００万円でした。それに対し、管理会社の概算見積りは、４，０００万円を大きく超えるものでした。

さらに、長期修繕計画は、修繕積立金を2倍に引き上げるような提案がされており、とても大規模修繕を進められるような状況ではありませんでした。

資金計画の見直しに注力

理事会、修繕委員会では、最初の修繕に関しては足場を必要としない部分補修に留め、資金計画の見直しに注力しました。

管理組合の主な収入は、管理費が約４４０万円、修繕積立金が約４４０万円、駐車場使用料が２３３万円～２９７万円です。

一般的に駐車場使用料は、将来発生する機械式駐車設備の修繕費用を補うため、修繕積立てに回されますが、実際はそのほとんどを管理経費として使ってしまっていました。

竣工当初は修繕積立金が低く抑えられており、グレードアップ工事や細かな修繕のために毎年修繕積立金を切り崩していたため、修繕積立金がほとんど貯まらない状態が数年間続いていました。

管理会社の提案に基づき、２００７年度には修繕積立金がそれまでの4倍に引き上げられました。それによって相場よりも高くなったにもかかわらず、高額な管理経費のため、大規模修繕を行うには一時金の徴収か借金が必要な状態でした。

高額な管理経費を適正な水準に引き下げるため、すべての項目を見直しました。ケーブルテレビを解約してアンテナを設置しました。電子ブレーカーを導入し、定額の電気料金を抑えました。最も効果が大きかったのは、管理会社の見直しを行った点です。

結果的に、管理会社の変更は行いませんでしたが、大幅な費用削減となりました。また、同等の費用で管理を請け負っていただける管理会社が複数あることがわかりました。

支出の削減は、短期修繕による修繕積立金の切崩しを抑えることによっても行われます。共用部分の劣化や破損以外にも屋外駐車場およびエントランス付近の屋根設置、物置の設置、監視カメラの設置など、グレードアップ工事が行われていましたが、厳しい資金状況について情報共有したことにより、修繕積立金の切崩しは、より厳しく精査されるようになりました。

その結果、毎年約１５０万円の管理費余剰金が生まれることになりました。

管理経費を管理費で賄うには、未だ１００万円以上の経費削減が必要ですが、以前よりも大幅に状況は改善しました。

長期修繕計画を大幅に見直したため、修繕の実施は２０１２年度に延期されることになりました。

大規模修繕業者選定開始

２０１１年度、大規模修繕業者の選定が開始されました。管理会社の他に修繕委員の知人から紹介していただいた業者、インターネットの修繕業者紹介サイト（大規模修繕比較.com http://mansion.tosomitumori.com）から紹介を受けた2社の計4社から見積りをいただき、金額比較しました。最も見積金額の低かった業者は、管理会社の見積りよりも約3割安い金額を提出してきました。

複数業者のコンペによって金額は低く抑えられましたが、インターネットの比較サイトからいただいた工事事例や業者からのコメントなどをもとにマンション劣化の事例調査を進めるうち、部分補修では修繕完了後すぐに次の修繕を計画しなければならないことがわかりました。

そこで、理事会、修繕委員会では、修繕仕様の見直しが話し合われました。部分補修仕様に加え、足場を組むことを前提とした躯体補修、塗装、タイル補修、シーリング、バルコニー防水などを追加した仕様で、管理会社に見積りと修繕仕様書の作成を依頼しました。

管理会社からは、約4，000万円という見積りが提出されました。管理会社が作成した修繕仕様をもとに部分補修の見積りを3社に依頼したところ、1社が辞退し、管理会社含めて合計3社の見積りを得ることができました。

最安値の見積りは、3，150万円でした。3，150万円であれば、借入れなしでもぎりぎり修繕が実施可能な金額でしたが、見積りの中の躯体補修およびタイル補修は足場を組んだ後に数量を確定するものであったため、予備費を見込む必要があり、そのまま仕様を確定することはできませんでした。

目標金額を２，７００万円以下と定め仕様を削る

理事会、修繕委員会で議論した結果、見積り段階での目標金額を２，７００万円以下と定め、仕様を削ることになりました。

足場設置の必要のない工事で、劣化が軽微なものとして、ルーフバルコニーの防水工事、鉄部塗装、廊下面のシーリングなどが削減対象となりました。これらの工事は、５年後の屋上防水メンテナンス時に行うことにしました。

仕様削減の結果、管理会社を除く2社が最終的に2，７００万円以下の見積りを出してきました。

２０１１年度の管理組合総会では、修繕仕様の変更を説明し、予算を3，０００万円（修繕：２，７００万円、電灯のＬＥＤ化：１００万円、予備費：２００万円）とさせていただきました。

２０１２年度、業者の最終決定と大規模修繕の実施を行いました。予算的に選択可能な2社は、会社の規模が小さく、これまでに付合いのない業者であったため、工事の途中、あるいは保証期間中に会社が潰れるなど、契約どおりに工事が完了しない懸念に対応する必要がありました。

保証期間中の倒産に対する対策としては、瑕疵保険への加入を契約で義務づけました。瑕疵保険の加入には、保険会社の事前審査、事後の立会いの審査があるため、修繕の品質確保にも有効です。

業者選定は、最初から一貫して最安値を提示し続けたK 社に決定しました。K社は、インターネットの修繕業者紹介サイトから紹介を受けた業者です。K社は、元請の実績が少ないものの、塗装を中心に豊富な施工実績がありました。

工事は、3月15日に開始されました。3月中は足場の構築が主な工事でした。足場構築に伴い、屋外駐車場とエントランス付近の屋根は一時的に撤去が必要になりました。物置も足場構築前に撤去されました。

足場を組んだ後に詳細調査を行った結果、躯体補修は見積りの範囲内でしたが、タイルの浮きに関しては見込みよりも多く、追加が必要であることがわかりました。タイル貼替えの追加費用は、約150万円でした

4月の後半には塗装工事も開始されました。バルコニー塗装の一部が完了したところで、色の違いが発覚しました。原因は、塗装色を選択したときに工事担当者が白く劣化した部分を使ってしまったためでした。

階段部分の劣化が少ない箇所から塗装を剥がし、同色の塗料をつくり、塗装をやり直すことになりました。バルコニー関連の工期は遅延しましたが、追加費用は発生しませんでした。

オリジナル色と塗装色が異なる事例は、バルコニー以外でも、廊下天井、出窓部分など、複数の箇所で発生しました。色の違いは、修繕委員の確認によって防ぐことができました。

5月の修繕委員会では、足場解体前の施工確認を行いました。修繕委員も足場に登って施工状態をチェックしました。

K社は、塗装の専門業者であるにもかかわらず、施工担当者により品質にばらつきがあり、塗装の塗りむらや壁の汚れなどが残っていました。

そこで、修繕委員も現場責任者とともに建物全体のチェックを行い、多くの是正点を指摘しました。指摘した点は、後日、是正工事を行ってもらいました。足場解体後も廊下側の塗装、一部床面シート貼替え、専用庭の扉調整などの工事が継続しました。

管理員室は、長年の喫煙によってひどく汚れていました。管理会社に無償で清掃を依頼しましたが、断られました。管理員さんも清掃してくださいましたが、きれいになりませんでした。費用を抑えるため、理事、修繕委員の有志が協力してカーテンの洗濯、壁や鉄部の洗浄、トイレのドア補修などを行いました。その後、壁紙の貼替え、換気扇交換、エアコン交換を行い、清潔な室内になりました。最終的にすべての是正工事と追加工事が完了したのは、７月20日でした。

理事会、修繕委員会が電灯のＬＥＤ化

大規模修繕が無事完了すると、理事会、修繕委員会は、最後の仕事として電灯のＬＥＤ化に取りかかりました。

電灯のＬＥＤ化は、経費削減の一環として２０１０年度の理事会で計画され、２０１１年度の理事会で業者選定がある程度進んでいました。

そして、管理会社が紹介する業者と修繕委員が探した業者の２社から相見積りを取り、価格が安く、日本製の部品を使うことから、修繕委員が見つけた業者に依頼することとなりました。

廊下の電灯は、蛍光灯と安定器を併せて54Ｗ消費していましたが、ＬＥＤ電球２灯に置き換える

ことで消費電力が12・4Wに削減されました。非常灯を除くすべての電灯をLED化した結果、年間約28万円の電気料金削減が見込まれています。これにより、約2・2年で工事費用を償却できるだけでなく、LED化したことで電球交換がほとんど必要なくなりました。

住人の意識変革が大事

小規模の分譲マンションでは、マンション管理に詳しい人が管理組合にいることは稀であり、どうしても管理会社任せになりがちです。

国土交通省が修繕に関するガイドラインを定めていますが、そのとおり計画的に資金を貯めているマンションは稀です。長年付合いのあった管理会社の信頼は厚く、高額な管理経費と無計画な修繕積立てで最初の大規模修繕が頓挫しても、なお管理会社を信じて変更に反発する人がいました。

現在は、インターネットで情報収集することによって、管理組合が自ら業者を選定し、管理会社と見積り比較することができます。いくつかの小規模工事で業者選定の経験を積み、臨時総会などで管理会社見積りとの比較を繰り返し、住人に説明することによって、少しずつ管理会社の言いなりではいけないという意識が浸透してきました。

住人の意識が変わると改革案も理解されるようになり、休日を使って協力してくれる人も増えていきました。そのような有志で修繕委員会を組織することができたことが、今回の大規模修繕を成功へ導くことができた大きな要因となりました。

第8章　賢い大規模修繕の進め方

1　全体像の把握

大規模修繕を実施するに当たってまず行うべきことは、一般的に「組織づくり」といわれますが、そのためには実質的なリーダーとなる、本書を手に取られたあなたが全体像の把握、概略スケジュールを作成することが先決です。

【図表18　把握すべき大規模修繕の概要】

■分譲マンションの区分所有者の権利と義務
■管理費とは何か
■修繕積立金とは何か
■長期修繕計画と修繕積立金の関係とは
■管理会社の本当の立場とは
■大規模マンションVS小規模マンションのメリット&デメリット
■代表的な施工方式はどのようなものか、そのメリット&デメリット
■建設業界の構造
■建設業界の常識
■資本金と保証
■施工実績は本当に自社の施工実績
■元請VS下請
■中堅大規模修繕業者は自社のみで施工ができるか
■自分のマンションに最適な施工方式とは

それは、「なぜ、組織をつくらなければならないのか」、「概略どのように推進するのか」を区分所有者を前に自信を持ってしっかりと訴える必要があるからです。

理事会が機能し、別組織の「大規模修繕委員会」がすんなり立ち上げれば、組織づくりの苦労は大幅に軽減されます。しかし、これがない場合、有志を募ることから始めなければなりません。

リーダーは、図表18の大規模修繕の概要を掴むことで全体像を把握することができます。

2　概略スケジュールを決める

大規模修繕の全体像が把握できれば、概略スケジュールを決めていきます。

その決め方は、まず最初に何をするかを決める積上げ方式ではなく、ゴールである大規模修繕が終了して、足場、養生膜を完全に撤去する日を仮に決定することから始めるのがポイントです。

「まだ、理事会の承認を受けていない」、「修繕委員会も発足していない」……構わないのです。仮にゴールを決め、そこから遡って明日までに何を行うかを紙に書いてみれば頭が整理できます。ゴールの期日が仮にでも決まってしまうと、「その前にやる○○」、「その前にやる△△」のように日程が自動的に決まっていきます。どうしても無理があるなら、ゴールを動かせばいいのです。

まずは、中心になる人が、この２つをざっくり把握、作成して他の委員に打診を行います。委員がいない場合は、賛同者を募ります。

一番最初の動き、実はこのような地味なことから始まります。そして、現在の「ゼロ」の状態から、次に「誰が」、「何を」、「いつまでに」行うか、その次の工程はそれで大丈夫か……というように決めていくとスムーズに進められます。

図表19は、建設会社、プロジェクト管理で一般的に使われる「ガントチャート」です。ガントチャートという言葉はご存知なくても、工事現場にご近所の住民対策として、「どの工程」を「いつ」行

【図表 19　ガントチャート（大規模修繕工事計画書）の例】

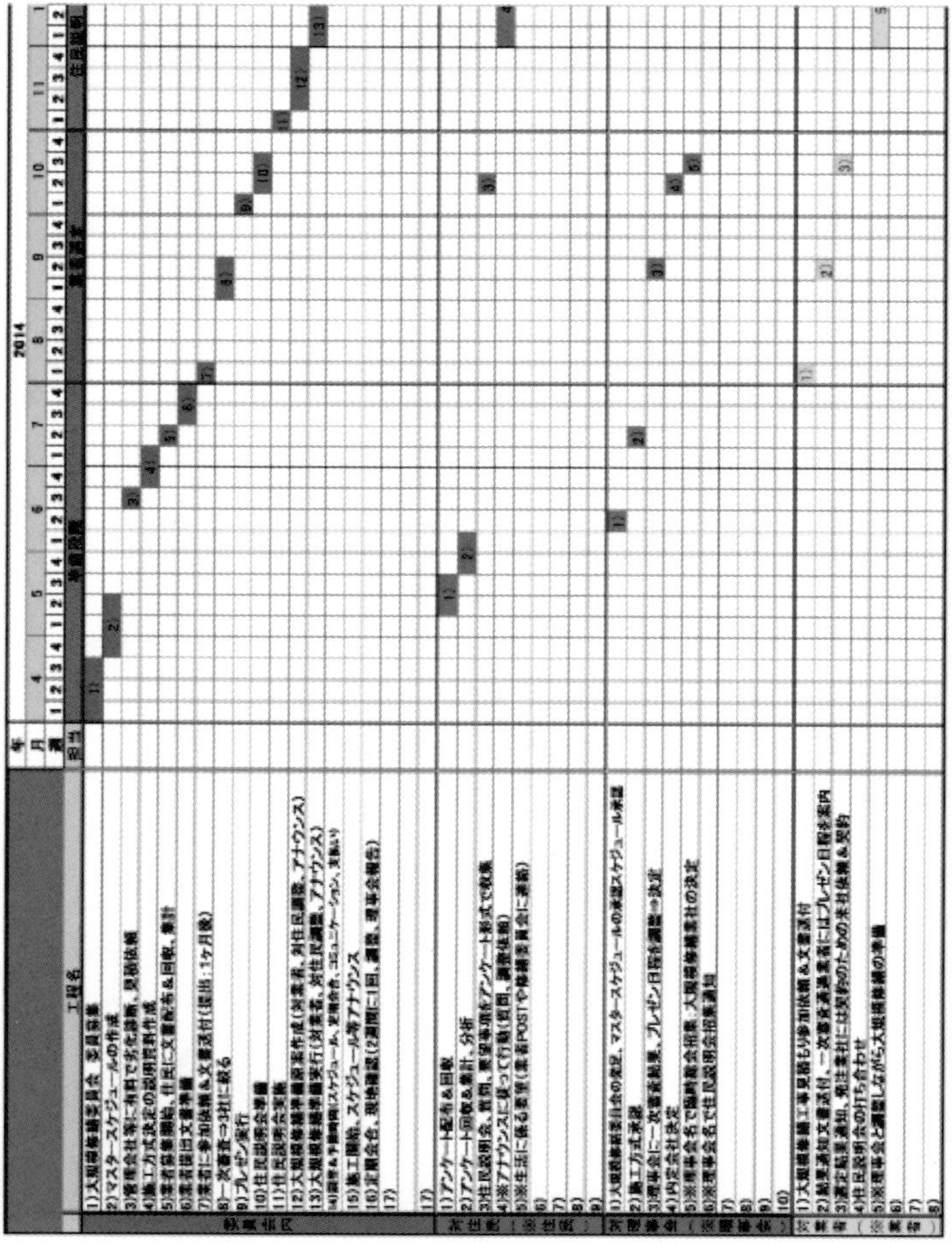

うかを表した図といえば、おわかりになると思います。

会社等で、期日が決まったプロジェクトの責任者は、この形式で管理するのが一般的です。いったん作成、承認された後は、責任者が定期的に打合せを行い、打合せの日までの計画と進捗を報告、関連部門との情報の共有化を図り、スケジュールに基づき進めていくことになります。

このガントチャートが広く使われている理由に、計画の全体を俯瞰して見ることができ、その進捗が一目でわかり、必要な調整がしやすいことにあります。

責任者も決めますので、一定間隔で定期的に行う打合せで、責任者から進捗を報告することでメンバー全体でプロジェクトの進行状況を把握することができます。

3　区分所有者の名簿づくり

既にある場合は、読み飛ばしていただければ結構です。現在の住民ではなく、区分所有者であることがポイントです。

大規模修繕は、総会の議決で50％以上の賛同を取る必要があります。これは、単純に従来の機能を取り戻す「修繕」に関してです。「機能追加のリノベーション」（例えば、画像付きインターフォンの新設等）は、これ以上の賛同が必要になります。そのために、事前に通常の総会や臨時の総会に向けて、大規模修繕を議題にする旨の事前通知が必要になるのです。

もっとも、区分所有者名簿は、管理会社と、管理組合の双方が最新の情報を持っているのがあるべき姿です。しかし、現実的には、小規模マンションの場合、最悪、ポスティングで情報収集という「荒業」を用いることがあります。

4　情報収集

大規模修繕に関する情報収集ですが、総会の議決を得る前の時点では調査費が出ないケースが多いので、無料もしくは極力費用がかからない手法で情報の収集を行う方が多いようです。

まずは、「大規模修繕とは何をするものか」をネットで検索、あるいは書籍を購入して読まれるのが第1歩としてよろしいかと思います。

書籍などでは、専門用語も所々に出て来ます。その場合は、インターネットを辞書代わりに検索して意味を理解することから始めると、工事自体の全体像が見えてくることと思います。

実は、当方も、大規模修繕のサイトを立ち上げる際は、書籍の購入、図書館で借りる、ネットの検索等でいろいろと調べることから始めました。

当時、調べた結果、「小規模マンションの管理組合さん向けに特化した、管理組合目線の本」は、ほぼ存在しませんでした。今後もこの傾向は続くと当方は考えています。

書籍の場合は、ほぼ標題、副題、よく調べる方で読者のレビューをご覧になっての購入となります。

学術書以外のほとんどの本が、「大規模修繕の工事」、「大規模修繕のコンサルタント」契約を自社で結ぶ、そのための集客目的でつくられています。

よく見ると、著者が、大規模修繕会社の代表者、コンサルタント会社の代表者、給水管、排水管の設備業者の代表者ということがよくあります。

前半は、もっともらしく「大規模修繕とは」で始まりはしますが、後半になると「自社ＰＲ」がそこかしこに目につくようになってきます。

書籍とは、そのようにつくられていることを頭に置き、前半を読み解くことが賢い使い方です。

インターネットも、大規模修繕の元請業者の宣伝が多く、本当に有用な情報を探すのは少しコツが必要になります。

多くの理事長、大規模修繕委員長は、たまたま順番で大規模修繕にかかわることになったという方です。当然、建設の専門知識を持っている方はまれです。

それでも、日本人は真面目ですので、「私は何も知識がないので勉強しなければいけない」と考え、費用もかけられないのでと、割と気軽に「大規模修繕無料セミナー」、「行政窓口による無料相談会」などに情報収集の一環として参加したりもします。

ただし、この場合、これらは、大手大規模修繕業者、コンサルタント会社の集客の一環で行っていることを知った上で参加することが必要です。

「大規模修繕は専門知識を持ったコンサルタントが入らないと成功しない」、「大手大規模修繕業者に任せれば、資本金も大きいし、実績が豊富だから安心」、「規模の大きくない中堅大規模修繕業社は危ない」、「公募による公正な競争を行いコストダウン」等々、一般的に耳障りのよい、一見もっともらしい言葉で洗脳されてしまうからです。

まずは、大規模修繕がタイトルに入っているような書籍を、取り急ぎ10冊購入するか、あるいは借りてご覧ください。最初の情報収集は、ここから始めることをおすすめします。

そうして全体像を把握したあなたは、もう賛同者を募るときのポイントが掴めているはずです。

基本は、管理会社が、長期修繕計画に基づき、概算見積りを出してきますので、これを「きっかけ」に、「管理会社に100％任せることはしない大規模修繕」、「管理組合で手分けして、まずは情報収集から始めましょう」といった切り口でスタートすると計画が進めやすいのではないでしょうか。

5 現状把握

現状把握というと難しそうですが、まず大規模修繕を行うに当たり、次のような必要書類があるかの確認をしましょうというものです。

① マンション分譲時の完成図書

これは、マンションが完成して分譲され、管理組合が結成された際、必ず渡されている書類です。

マンションの構造図、電気配線図、配管図等が1冊に綴じられ、電話帳のように厚いものです。

まずは、どこにあるかを確認する必要があります。万が一「管理会社の社内に保管してある」場合は、早急に取り戻し、管理組合の管理する場所に移動を行う必要があります。

仕様書による相見積りではあっても、大規模修繕業者は現地調査を行い、図面と仕様を見比べ、必要な数値を拾います。管理組合さん自らが立ち会い、大規模修繕業者が現地調査を行った際、図面をその場で見せることができるようにするためです。

② 修理経歴書、長期修繕計画書

いつ、どのような箇所をどのように修理したか、その記録をまとめたものが、修理経歴書です。

長期修繕計画書は、概略ですが、「いつ」、「どの部位」を修繕する予定かを長期、一般的には30年分まとめたものです。

計画である「長期修繕計画書」と、その実施された記録である「修理経歴書」を照らし合わせることで、「予定どおり修繕された部位」、「予定していたけれど、まだ修繕していない部位」の切り分けができるようになります。

この2つの書類がなければ、それができませんので、所在をまず確認する必要があるのです。

完成図面と同様に、「管理会社の社内」に保管してある場合は、早急に管理組合の管理する場所への移動が必要です。理由は、完成図面と同様です。

6　基礎知識の周知

大規模修繕の最低限の知識を管理組合内で共有しないと、意思の統一もできません。ご存知でしょうか。念のために必要な基礎知識を紹介しておきます。

・管理会社と管理組合の関係

分譲マンションという建物を維持し、資産価値を保ち続けるためには、共有部である躯体、設備を定期的に点検、消耗品の交換、日常の清掃、会計を行う必要があります。

これは日常管理（一般に略して管理と呼ばれます）といわれ、本来マンションの所有者である区分所有者が行うべき業務ですが、それを「1外注業者である管理会社」と契約を結び、毎月対価を支払って業務を代行してもらっています。

分譲時は、マンション建設業者の子会社が管理会社として契約を締結された形になっているケースが一般的ですが、あくまで「1外注業者」ですので、当然変更することが可能です。

・自治会と管理組合

自治会とは、「同じ町内や住宅街など、同じ地域に暮らしている人たちが集まって運営する、加入が義務づけられていない任意団体」です。マンション管理組合は、「共有財産であるマンションを管理するための区分所有者が加盟する（非加盟は認められない）組織」です。

ややこしいのは、「○○マンション自治会」となったときに行うことが、「○○マンション管理組合」とほとんど同じ、また人もほとんど同じということもあります。ただ、根本的に違うのが、参加資格です。

分譲マンションでは、所有者が外部にお住まいになり、賃貸にしている場合があります。その場合、入居者は所有者ではありませんので、管理組合の会合には参加資格はありませんが、自治会は生活者であるために会合には参加資格があります。

・管理費と修繕積立金

毎月、管理会社に渡すお金を「管理費」として支払っており、それでマンションの修繕を含む管理を管理会社にやってもらっていると思い込んでいる方も少なくないようです。

管理会社に渡すお金は、大きく全く異る2種類の性格のものに分けられます。

1つは、管理会社に支払う日常清掃、日常点検等の費用の「(日常) 管理費」であり、もう1つは、区分所有者の共有財産であるマンションの共有部を将来的な経年劣化の修繕費用として積み立てている「修繕積立金」です。

修繕積立金は、管理組合の口座に入ります。管理会社は、その収納の事務代行を行っているだけです。

7　理事会で大規模修繕委員会を承認させる

大層に聞こえるかもしれませんが、今まで有志で行ってきた勉強会を、「大規模修繕委員会」として理事会のお墨付をもらうだけのことです。

全体構造を理解した時点で大規模修繕委員会を発足させると成功の確率が格段に向上します。

大規模修繕委員会は、理事会の諮問機関とし、決定権を持たせない方式が一般的です。理事会で大規模修繕委員会の発足を承認し、プロジェクトを推進させ、出た結果を判断する形式です。

組織体系は、一般のプロジェクトと同じ形態で問題はないのですが、他のプロジェクトと多少異なる点があります。

それは、通常1年以上に渡るプロジェクトになるので、委員が会社都合等で突然転居してしまう可能性があるということです。転居した委員がリーダーに近ければ近いほど、またプロジェクトの進行が進めば進むほど、それまでの経緯を全く知らない人への引継ぎは難しくなります。

その対策として、必要最低限で、1人でも欠けるとプロジェクトの推進が困難になるような人数で発足するのではなく、最悪、数人欠けても大丈夫な人数で発足するのがポイントです。

また、理事会メンバーを最低でも1人大規模修繕委員会に入れることで、理事会との連携を高めることができます。

その際、理事会メンバーの負荷を軽減するために、大規模修繕委員会では軽い役割を分担してもらう等の配慮も必要になってきます。

大規模修繕委員会のメンバーは、委員長、副委員長、広報、会計、書記、総務プラスαが一般的です。その中には、在宅率の高い女性のリーダー格の方を入れておくことが、プロジェクトをスムーズに動かすのに大いに役立ちます。

各々の役割は、次のとおりです。

・委員長

一番求められるのは、プロジェクト推進能力です。建設の知識は、当初なくても問題はありません。全体像を把握して、大きな落とし穴を避け、おおまかな計画を立て、進めていくことができる方ならこの役目を果たすことが可能です。

対外的な窓口となりますので、交渉事になれた方が適任です。また、一定の時間が必要なため、会社を定年退職された男性が担当することが多いようです。

最も交代が困難な役職ですので、プロジェクト期間中、移転の可能性が低い方を選出することが必要です。

・副委員長

委員長の補佐。委員長が移転、急病、事故等でプロジェクトの推進ができなくなった場合、委員長を代行する役目を担います。委員長と同じような能力が求められます。

・広報

大規模修繕工事が始まる前、最中、終了後に渡り、対住民へのコミュニケーションを担当します。アンケート、掲示板、配付物等で情報を提供、収集する役割を担います。

大規模修繕前にプロジェクトの進行の周知、施工中の日常の制限事項の周知、要望事項の聞取り、調整、竣工後、不具合箇所がないかのアンケート等細かな配慮が求められます。

特に、工事中の洗濯物、通行の制限、騒音、匂い、振動、粉塵が出る作業等を事前に知らせる、網戸、ベランダの荷物の撤去、ベランダへの作業員立入りの事前連絡等、住民への情報提供だけでなく、住民の困っていることを聞き出すことも必要になってきます。

・会計

修繕積立金の把握、工事代金の支払い、当プロジェクトに関わる経費精算、工事代金が不足し、借入れが必要になった場合、その借入先、借入条件の精査、手続等の役割を担います。

最低、EXCEL 等の表計算ソフト等が操作できる方を選出することが必要です。会社で事務を経験された方が適任です。

・法務

主として、大規模修繕業者との契約が適正か、総会での決議が法的に正しく行われたかを確認する役目を担います。

マンションは、区分所有法により、決議の種類により、議決できる割合も異なります。大規模修繕の場合の議決できる割合、議決数を把握も役目となります。区分により議決権が異なる場合があるので注意が必要です。

役職上、文字を読むことが多いので、これが苦手な方は避けたほうが無難です。もし、会社で契約書の締結に関連する業務経験者がいれば最適です。

・書記

委員会の議事録の作成が主な業務になります。議事を書類にまとめ、ワープロに入力できるタイピングに苦手意識のない方が適任です。

・総務

委員会の開催の連絡、出欠の確認、理事会との連携が主な仕事になります。理事会メンバーが大規模修繕委員会に入れたのであれば、この役職が適任です。理事会の仕事との兼務になりますので、できるだけ大規模修繕委員会メンバーが役割を手伝い、負担の軽減をすることで連携が円滑となります。

8　大規模修繕委員の選出方法

大規模修繕委員の選出は、立候補、推薦によって行います。

役割によって特性がありますから、「苦手意識がある能力が必要とされる役職」は避けることが、本人、委員会にとっても有益です。無理は、そう長く続けられるものではありません。

リーダーシップを発揮する、人前で話す、対外的な交渉を行う、パソコンを使い計算をする、入力を行う　役職により求められるスキルがありますので、適任者が立候補、または推薦により委員を決めることが必要なのです。

やはり、大規模修繕委員会発足の提案をしたあなたが委員長になるのが一番自然な流れです。

9　推進方法の概要

重複しますが、大規模修繕委員会の推進の流れを、発足前から概観しておきましょう。
① 管理会社からの提案や長期修繕計画で定めた年月になった等、何らかのきっかけで大規模修繕を行うことへの同意を理事会で取る。
② 勉強会発足、基礎知識を習得&仲間づくりをする。
③ 大規模修繕委員会を正式に発足（理事会の承認を得る）させる。
④ アンケートにより現状把握をする。
・共有部の専有使用部の経年劣化の調査が目的のため、回収は１００％必要
・機能追加（リノベーション）の意見募集ではない

⑤　スケジュールを作成する。
・竣工日を決め、最後の項目より逆に項目を書き入れる
⑥　各施工方式の説明、メリット、デメリットを説明、決議する。
⑦　業者募集する。
・どのような条件で募集を行うか、またその根拠は
・どのように募集をするか
・選定する方法、工数を考慮した上で募集方法を考案する
⑧　業者選定する。
・資本金
・施工実績
・保証：瑕疵保険、独自保証、点検頻度
・現場責任者の確認＆連絡体制
・提案内容

10　区分所有者へのアンケート

主に広報が役割を担うことになります。

このアンケートの目的は、大規模修繕に対する意見の聞取りではありません。したがって、問い方に注意が必要です。

目的は、修繕が必要な共有部の経年劣化の全体把握です。

特定の方がマンションすべての共有部に立ち入り、経年劣化の状況を把握すれば、一番早く、正確にできるのですが、ご存知のとおりマンションには共有部にも専有使用部があり、この部分は各区分所有者しか立入りできません。そのような箇所から見た経年劣化の状況をアンケートにより把握することが目的になります。

問いの仕方を間違えると、以前の機能を回復させる「修繕」ではなく、機能を追加する「リノベーション」の提案募集となってしまい、「アンケートに協力したのに対応してくれない」になってしまい、計画の推進に悪影響が出る可能性も出てきますので、注意が必要なのです。

事例は、最終章の「大規模修繕委員会　応援資料」をご覧ください。

11　施工方式の決定

何度も繰り返すように、施工方式には、大きく分けて「責任施工方式」、「設計監理方式」、「管理会社にお任せ方式」があります。

筆者がおすすめしているのは、責任施工方式をベースとした施工方式「パッシング・オーダー方式」です。第5章に紹介していますので、ご参照ください。

「管理会社にお任せ方式」は、管理会社が任意に選んだ大規模修繕業者に、管理会社が中間マージンを取り、「丸投げ」する方式です。本書をご覧になっている賢いあなたは、興味がない方式になりますので今回は割愛させていただきます。

大規模修繕の計画を実行するに当たり、重要なポイントは2つあります。

1つは、「施工方式の決定」（戦略）、もう1つは、「大規模修繕業者の選定」（戦術）です。

「大規模修繕業者の選定」は、「施工方式の決定」により強い影響を受けます。したがって、施工方式の決定の選択が、大規模修繕計画を成功させるか否かを分ける最重要事項なのです。

そのため、施工方式の検討だけで数回の打合せをする価値があるのですが、この時点ではほとんどの方が実感していません。

独断と偏見で申し上げます。設計監理方式は、性悪説、「施工業者は、常に監視、牽制を行わなければ手抜きをするので、これを防止するために監視、牽制をするための方式」。一方の責任施工方式は、性善説、「信頼できる大規模修繕業者を選定して、その業者を信じて任せる」、「戸建住宅の塗装、修繕の延長線上の方式」といえます。

●設計監理方式

・定義：設計事務所やコンサルタントを利用して、劣化診断、回収設計を行い、工事の段階では監理を行う方式。

メリット

・施工業者以外の者が監理を行うので不具合箇所の発見が見込める
・コンサルタントが入るので区分所有者間の意見集約が容易になる
・共通仕様書による公募によるコストダウンが見込める

デメリット

・施工費用の他にコンサルタント費用が発生する
・コンサルタント中心の談合が起こる可能性がある
・誘導でした入札条件による自社施工業者の足切り
・業者間中間マージンの発生の可能性が出る

POINT

・監理の実態……監理というとずっと現場に留まり、仕様書どおりに施工されているかチェックする場面を想像される方がいらっしゃるかもしれませんが、実態は異なります。それを行うのは、施工業者の現場責任者です。コンサルタントによる監理は、1週間に数時間現場を見回るだけです。

・監理による施工不具合を見逃した場合のコンサルタントの責任……コンサルタントが自らの金銭で瑕疵の賠償をすることはありません。それは、契約書をしっかりと読まれるとおわかりになります。瑕疵保険に加盟して施工を行い、その保証で賠償する仕組みになっています。

・コンサルのタント公正、中立……コンサルタント自身が施工会社と資本関係等、１００％特別な関係がないとはいえません。また、公募で集まった大規模修業者すべてにコンタクトできる立場を利用し、談合を誘導しない保証はありません。

・大規模修繕業者の属性誘導……大規模修繕を行う業者を公募で募集する際に、過剰な資本金、過剰な施工実績、必ずしも必要でない許可の条件づけがあります。元請しか適合し得ない条件による自社施工業者の排除、それによる業者間中間マージンの発生。

●責任施工方式

・定義：施工業者に劣化診断、改修設計、施工まで任せる方式。

メリット

・自らが信頼できる大規模修繕業者を選定することができる

・大規模修繕に関連しない費用をカットできる

・第三者が大規模修繕業者の選定に関与しないので不正が発生しづらい

・直接契約のために施工中の業者・住民間のコミュニケーションがスムーズ

デメリット

・コンサルタントが入らないので、区分所有者間の意見集約に手間がかかる

・コンサルタントが入らないので、大規模修繕業者との交渉の手間がかかる
・コンサルタントが入らないので、一定の知識を得るための情報収集、勉強が必要になる

POINT

従来の責任施工方式になかった「牽制」、「相見積り」、「提案」機能に追加が可能
・瑕疵保険加入により、事前審査、事後監査と一定の牽制機能を持たせることができる
・パッシング・オーダー方式で相見積りも可能
・業者へ提案の機会も与え、相互質問で業者の質も確認可能

12 大規模修繕業者の決定

小規模マンションに最適の「パッシング・オーダー方式」は、第5章を参照ください。

相見積りを取り、見積りの他にも独自の提案内容、保証、点検、資本金、施工実績、現場責任者、社風を現地調査、プレゼンを通じて把握し、業者決定をします。

重複になりますが、大事なことですので重ねて申し上げます。

小規模マンションの大規模修繕は、中堅施工業者で完結できる工事です。

共通仕様書に基づく相見積りで競合させることでコストダウンが見込めます。

通常、大手業者の下請をされている中堅業者さんと直接契約すれば、業者間中間マージンがカッ

トできます。大規模修繕業者への牽制、万が一の対応は、瑕疵保険で対応できます。
これらを踏まえ、選出した複数の業者より1社を選定します。

13　業者による大規模修繕事前説明会の開催

事前説明会は、原則全戸の出席が原則です。

大規模修繕は、住民が生活をしている現場で行うため、いくつかの制限事項が発生します。事前に内容を確認、お互いができる限りの調整をすることで、トラブルの未然防止に務めることが重要になります。

・大規模修繕業者と区分所有者間のコミュニケーション方法をどのようにするか
・いかにしてセキュリティーを確保するか
・ベランダに置いてあるものの一時保管場所をどうするか
・網戸、空調の室外機どうするか
・職人の喫煙場所をどうするか

※生活に密着する事項の質疑応答になりますので、区分所有者全員の参加が理想です。特にベランダ等共有部からの私物撤去が行われないと作業の妨げとなります。撤去が難しい方等は、個別に業者に相談することをおすすめします。業者は、横のつながりもありますので、その種の業者の

紹介もしてくれます。この業者は大規模修繕業者だから無理と最初から諦めずに、ダメ元で問い合わせてみることをおすすめします。放置をすれば、自社の仕事に影響を及ぼしますので、対応してくれる確率が高いです。

14　大規模修繕工事中の注意事項

工事中には、次のような問題発生が予想されるので、周知が必要です。きめ細かな事前情報提供による配慮が欠かせません。

- 日照、通風、換気の阻害
- 臭気、ゴミ、ホコリ発生
- 振動、騒音の発生
- バルコニー専用庭の使用制限
- 洗濯、物干場の確保・共有部分の使用制限
- 工事車両の駐車、資材置き場の確保
- 防犯対策、安全対策
- 停電、断水の発生
- (排水管更新時等)専有部分への立入り

※ベランダ、専用庭は専用使用が認められた共有部です。

15　大規模修繕施工後の注意

工事終了後、きちんとできたか最後の確認のためにアンケートを実施します。住民による専有使用が認められている共有部が適正に大規模修繕が行われたか否かのチェックが行えることになりますので、実施することをおすすめします。

また、次のような必要書類の受渡しも確認が必要です。

・瑕疵保険証書の受領
・工事完了届
・工事完了引渡し書
・性能保証書
・使用材料リスト
・下地補修及びその他施工図面
・実施工程表及び工事記録
・記録写真
・数量表

目的は、次の修繕に備え、いつ、どのような修繕をしたかの記録を残すことです。

また、業者独自の点検等がある場合、そのスケジュールどおりに行われたかの確認の資料ともなります。

16 理事会への報告

受領した書類を理事会に渡し、最終報告を行い、今回の大規模修繕委員会の役目を終えます。

マンションの修繕は、そのマンションが存在する限り、エンドレスです。大規模修繕委員会は、竣工で解散をしますが、次回の大規模修繕の時期、その内容、金額から、修繕積立金がこのままで積み上がった場合に不足額が発生しないか、どのくらい発生するか、それを賄うために修繕積立金をどのくらい値上げしなければならないか、などのようなことも検討が必要です。

大規模修繕工事の竣工は、次の大規模修繕の準備の開始でもあります。

大規模修繕委員会のもう1つの仕事、それは、大規模修繕委員会の立上げから解散までの記録を、10年以上先に発足する同マンションの将来の「大規模修繕委員会」のメンバーに残すことです。

今回のメンバーが、10数年後にこのマンションにおられる保証はありません。大規模修繕委員全員が移転されても、記録があれば次のメンバーが前回記録を見ることで、ゼロからのスタートよりは遥かにスムーズに運営できることが期待できます。

第9章　パートナーとの付合い方

1　コミュニケーションについて

大規模修繕の施工業者と住民との相互のコミュニケーションの手法としては、「掲示板」、「ポスト」、「各世帯へのポストへの案内文書投函」、「広報に連絡」、「定期的な業者と大規模修繕業者の打合せ」があります。

【図表 20　連絡用ボード】

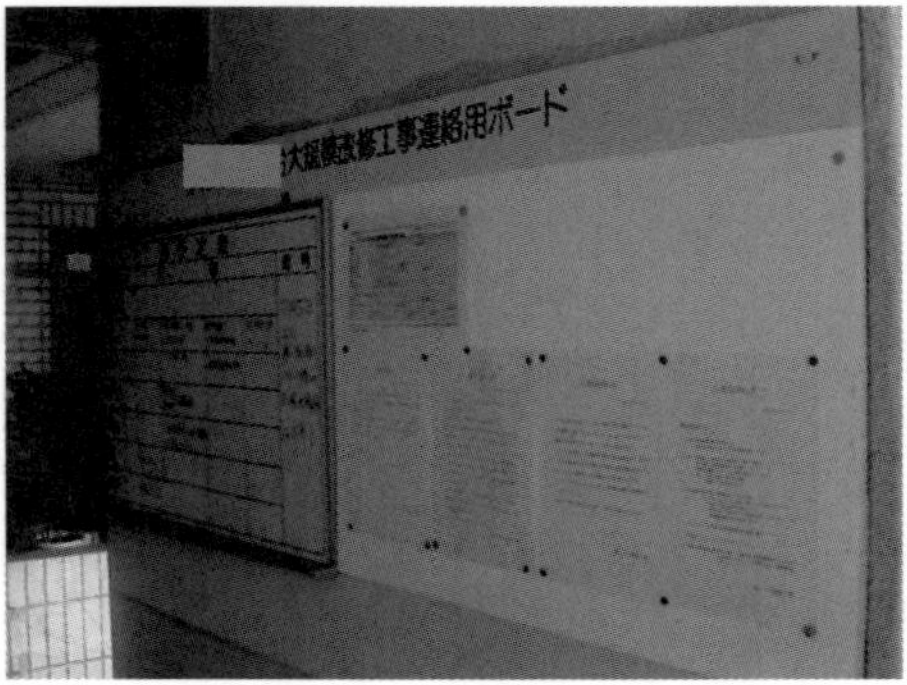

もっとも、多くは、業者から住民への工事推進スケジュール、これに伴う生活の負荷、制限事項の通知が主になり、図表20のようなボードを業者が準備し、そこへ業者が記入してコミュニケーションを図っていくことになります。

大規模修繕工事は、住民が通常の生活をしている中で行い、その生活の一部を制限して行う工事です。工事だからしかたがないこととは頭では理解していても、感情的には少なからずイライラはしがちです。

病人を抱えている、受験生がいる家庭もいます。騒音、匂い、振動が伴う工事もあります。それだけに、できる限り、前もって、きめ細かく予定を知らせる配慮が必要になります。

定期的な住民と業者間の打合せも、単に進捗確認だけでなく、住民の意見を受け取り、調整することも必要になります。したがって、その担当者は、在宅率の高い、コミュニケーションスキルの高い女性が適任です。

性格的に中々直接言えない方向けに、要望を書いてポストに入れるようにしているところもあるようです。これに対応したことを掲示板に記載する形でお伝えすることで、面と向かわなくてもコミュニケーションが取ることができます。

2　節約できる費用について

見積書には、「工事に関して必要なすべての費用」が含まれています。その中には、マンション側が提供すれば削除できるものが含まれている場合があります。この場合、単純にその項目の費用を削除できるので、ぜひご確認ください。業者も簡単に削ってくれます。

例えば、次のような費用です。

・駐車料金……普通車よりは大きな車数台が数か月駐車をする料金。これだけで数十万円になります。敷地内、ご近所で確保できるなら、この費用を節約することができます。

・仮設トイレ……通常、業者が仮設トイレを別途準備しますが、マンション側で使用してよいトイレを指定することで、この費用を節約することができます。

・資材置き場、事務所……集会所等、普段使っていないスペースを提供することで、仮設の資材置き場、事務所をつくる費用を節約することができます。

3　見積りと相違が出やすい箇所

最近のマンションの外壁はタイルが主流です。タイル自身は、耐久性はよいのですが、躯体に貼り付けられていますので「剥がれる」危険性があります。正確に、その危険性のある修繕部位を特定するには1枚1枚タイルを打診検査をする必要があります。このためには、足場を組む必要がありますが、見積りの段階では足場を組むことができません。

そのために、足場を組む必要がない箇所を打診して修繕の要不要を判断し、その割合を把握することにより、外壁の総面積に換算して修繕費用を算出します。

しかし、実際に足場を組んで打診検査をした結果と相違が出ることはよくあることです。100%は一致させることができないというのが正直なところです。

ただし、ここを悪用する業者もいるので注意が必要です。

マンション管理組合としては、見積額の10～20%程度余分に支払える準備をしておくと安心です。

業者への牽制のために、修繕委員が足場に乗り一定箇所の見回りをする、修繕を要する箇所の写真の提供を求めることも有効です。

4　独自保証・瑕疵保険について

独自保証

業者によっては、大規模修繕竣工後、「独自保証」、「独自点検」を見積もっているところもあります。つけなくてもよい保証をつけるなんて、この業者は良心的と感じることと思います。

確かに、その一面もあります。が、実は、業者の営業にもなるのです。通りがかりの業者が、「無料点検します。

マンション内に立ち入らせてください」と言ったら、マンション管理組合はすんなりマンション内に入れないことと思います。

しかし、大規模修繕を行った業者が、「無料の定期点検にきました」となれば、マンション内に割りと簡単に入ることが可能です。

このときは、大規模修繕をしてから数年を経過しています。大規模修繕と異なる箇所の不具合が出ている場合、リノベーションの要望が出ている可能性もあります。

大規模修繕をきちんと行い、点検にも来てくれる良心的な業者の立場ですので、このような場合注文が取れる可能性が高くなります。

これこそが、真の狙いなのです。これは、これとして業者独自の保証、点検は、業者のほうから連絡があるとは思いますが、本当の点検の意味で期日に連絡がない場合は、マンション管理組合から点検を依頼することをおすすめします。

マンションでの修繕は、10数年に1度の大規模修繕だけではなく、突発的な災害、故障、数年に一度の鉄部塗装等々小規模な修繕、部分的なリノベーション工事が必要になることが予想されます。大規模修繕で、「この業者は、優良な業者だ」とお感じになったときには、その業者となるべくコンタクトを取り続けることをおすすめします。

なぜなら、仕事柄、多くのマンション関連の業者との繋がりがあり、その業者の紹介業者は高い確率で、優良な業者である確率が高いからです。

当社でも、管理組合さんから大規模修繕以外の問合せ、業者の紹介を依頼されたときには、既存の取引実績のある大規模修繕業者さんに相談をして対応しており、失敗した経験がないからです。

日頃、ちょとした病気、怪我、その他、どうしたらよいかわからないときは、掛かりつけの街の個人医院に相談をして、そこで対応ができない場合は、大学病院等を紹介してくれます。

この「小規模マンションの修繕版」の掛かりつけ医をうまく大規模修繕を行ってくれた業者にする、こんなイメージです。

瑕疵保険とは

瑕疵保険は、大規模修繕竣工後の保証期間に万が一瑕疵が表面化、業者が修繕を行えなくなった場合に保険金を支払う仕組みです。

締結してはいても、申請をしなければ保険金を手に入れることはできません。また、施工業者とコンタクトを取り続けることにより、状況の変化も確認することにも役立ちます。

小規模マンションの大規模修繕で、管理組合さんが押さえておくべき「マンション大規模修繕の瑕疵保険」についての結論、背景、理由は、以下のとおりです。

なお、瑕疵保険は、施工業者が加入する保険です。管理組合さんが直接加入はできません。管理組合さんは、施工業者に加入を依頼する形となります。

結論からいうと、次のとおりです。

・瑕疵保険に加入した業者を選定します。加入を拒否する業者は、候補より排除すべきです。
・オプションの有無を確認。費用対効果を考慮してつける、つけないを判断するのが賢明です。

背景は、次のとおりです。

「瑕疵」とは、一般的な意味では、キズ、欠点、法律や当事者の予期するような状態や性質が欠けていることです。建設業界においては、主に法律により専門知識のない最終消費者保護を目的として瑕疵が使われています。

マンション大規模修繕の瑕疵保険、実は歴史はそれほど古くはありません。

もともと、瑕疵の対象は、主要な住居である戸建住宅でした。新築の場合、建築基準法などに違反している、建物が設計と異なっている、契約内容に違反している、一般的な性能を欠いている場合が瑕疵とされています。

住宅の品質確保促進法により主要構造部の瑕疵と雨漏りについて10年間の瑕疵担保責任も課され、施主は引渡し後10年間、売主や施工者への瑕疵の修繕や賠償請求ができます。

中古住宅の売買契約では、契約時にわからなかった瑕疵が後で発覚した場合、気がついた時点から1年以内なら売主、施工者に賠償請求や契約解除をすることもできます。

また、住宅瑕疵担保履行法により、住宅の施工会社および販売会社は、住宅瑕疵担保責任保険への加入が義務化されました。

このように、従来の住居の主流である戸建住宅には、手厚い消費者保護が法律によりありました。数十年前より急速に普及してきた「マンション」に対しては、法律が戸建住宅ほど法律の保護がされていなかったので、遅ればせながら施行され始めたというのが背景にあります。

また、マンション大規模修繕の瑕疵保険は、「しっかりとメンテナンスされた良質な住宅を流通させる」という国策を推進する監督官庁の国土交通省は、施策の一環として推奨しています。

したがって、資産価値の維持にも役立ち、区分所有者に有利な仕組みなので利用するほうが得です。

「瑕疵保証」以外にも専門家による「事前審査」、「事後監査」もついて、オプションを含めても総施工費用の1％程度と安い（超小規模マンションは、1％を超える場合があります）ので、ぜひとも検討すべきです。

第10章　写真で見る大規模修繕

【図表 21　まずは足場から】

【図表 22　養生幕を張る】

【図表23　高圧洗浄で汚れを落とす】

【図表24　テストハンマーで打診テスト】

【図表 25　ヒビを測る】

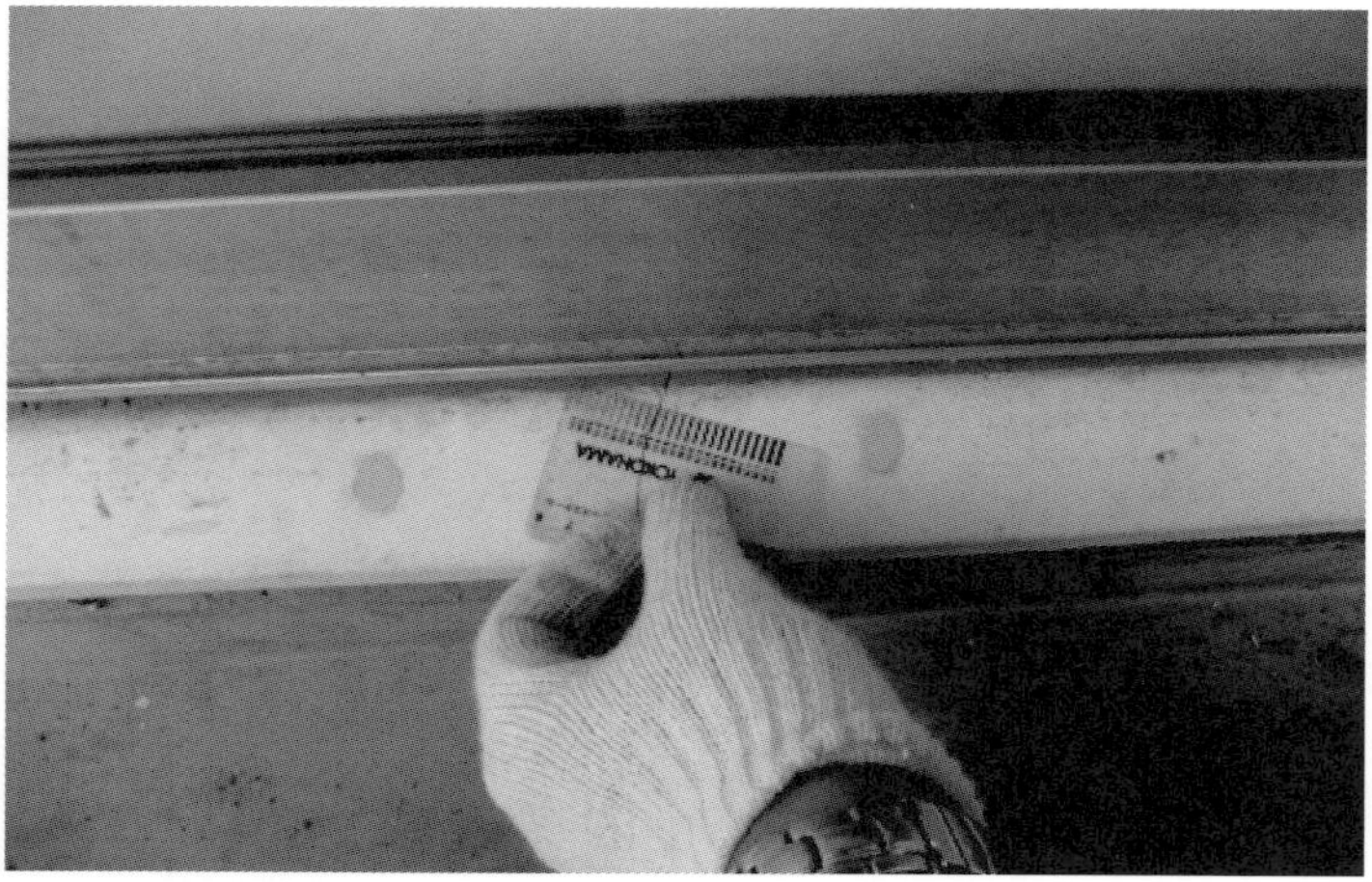

【図表 26　ヒビの種類により修繕方法を変える】

【図表27　爆裂箇所はモルタルで埋める】

【図表28　爆裂箇所はモルタルで埋める】

【図表 29　浮きの箇所はドリルで穴を開ける】

【図表 30　浮きの箇所にはエポキシ樹脂を注入する】

【図表 31　躯体と建具の間のシーリングの交換】

【図表 32　シール材を注入】

【図表 33　ローラーで塗装】

【図表 34　ローラーで塗装】

【図表 35　鉄部の錆落とし】

【図表 36　鉄部の下塗り】

【図表 37　浮きタイル除去】

【図表 38　エポキシ樹脂で防錆処理】

【図表 39　ドリルで穴あけ】

【図表 40　エポキシ樹脂注入】

【図表 41　ステンレスピンで欠落防止処置】

【図表 42　塗装工事】

【図表43　鉄部の塗装をする】

【図表44　外壁の塗装をする】

【図表 45　鉄部のケレンを行う】

【図表 46　鉄部ドアのケレンを行う】

【図表 47　鉄部のケレンを行う】

【図表 48　鉄部の塗装を行う】

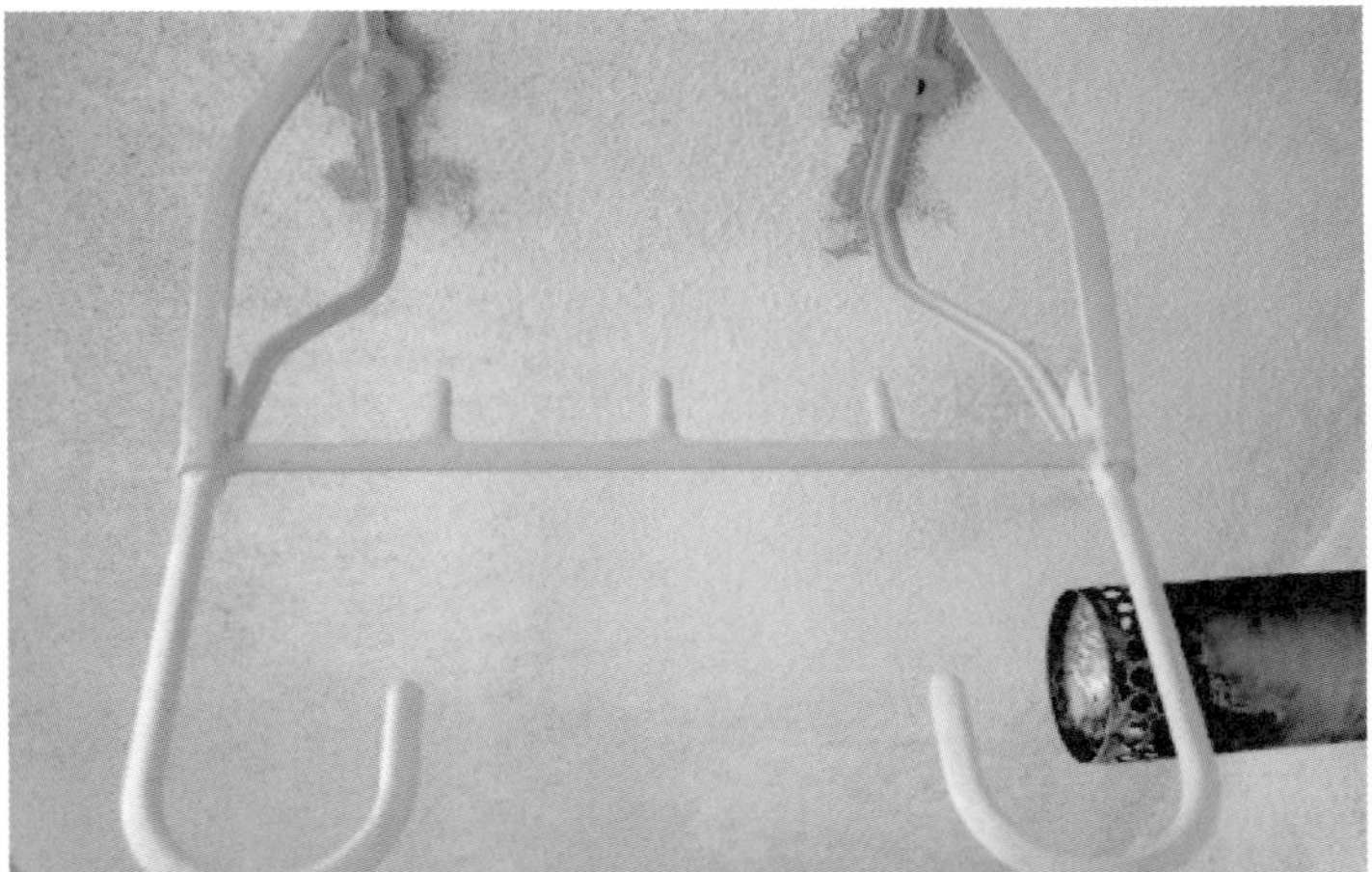

【図表 49　鉄部の手摺の下塗りを行う】

【図表 50　鉄部の蓋の下塗りを行う】

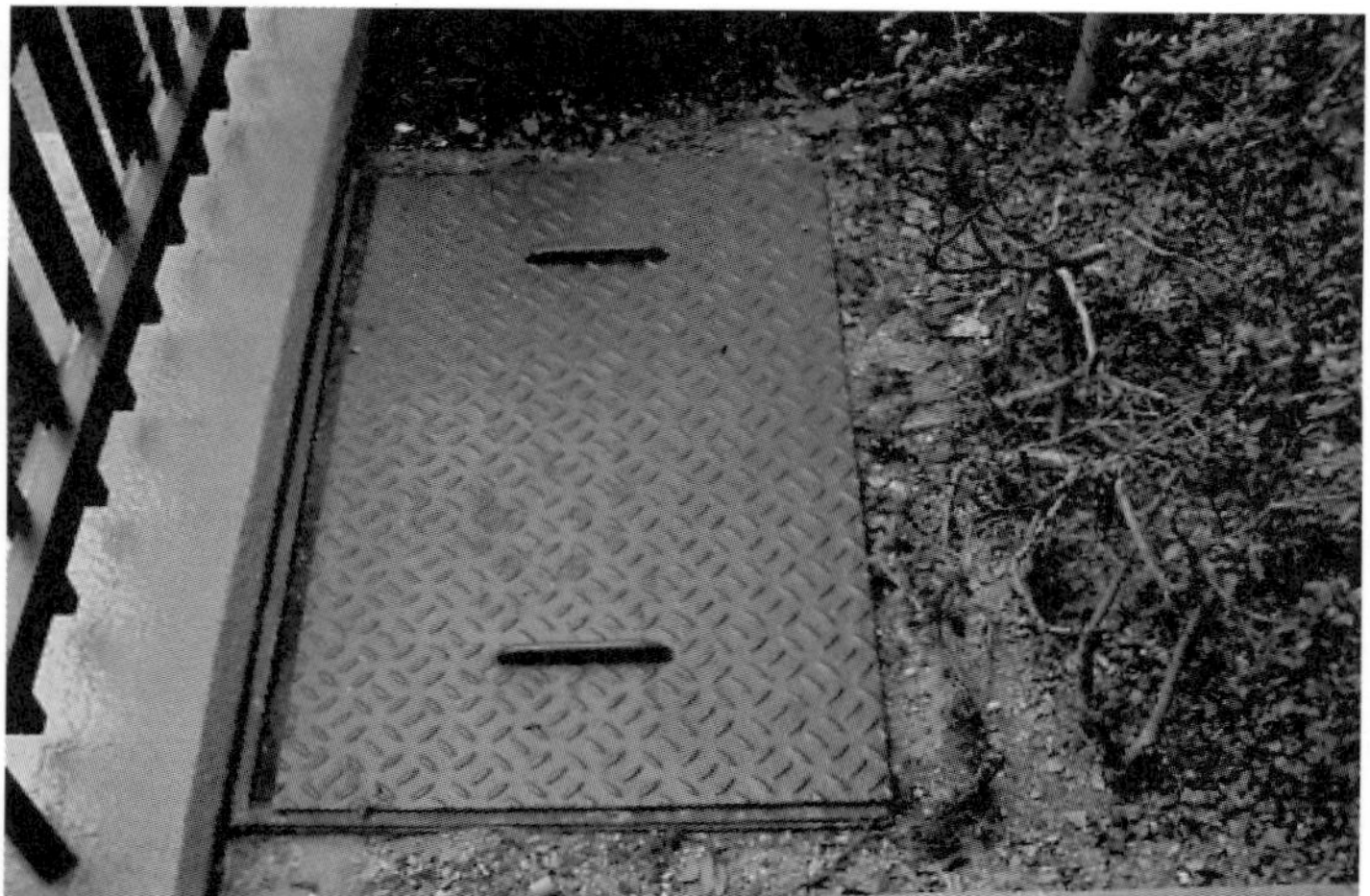

【図表 51　鉄部の階段の下塗りを行う】

【図表 52　鉄部の門の下塗りを行う】

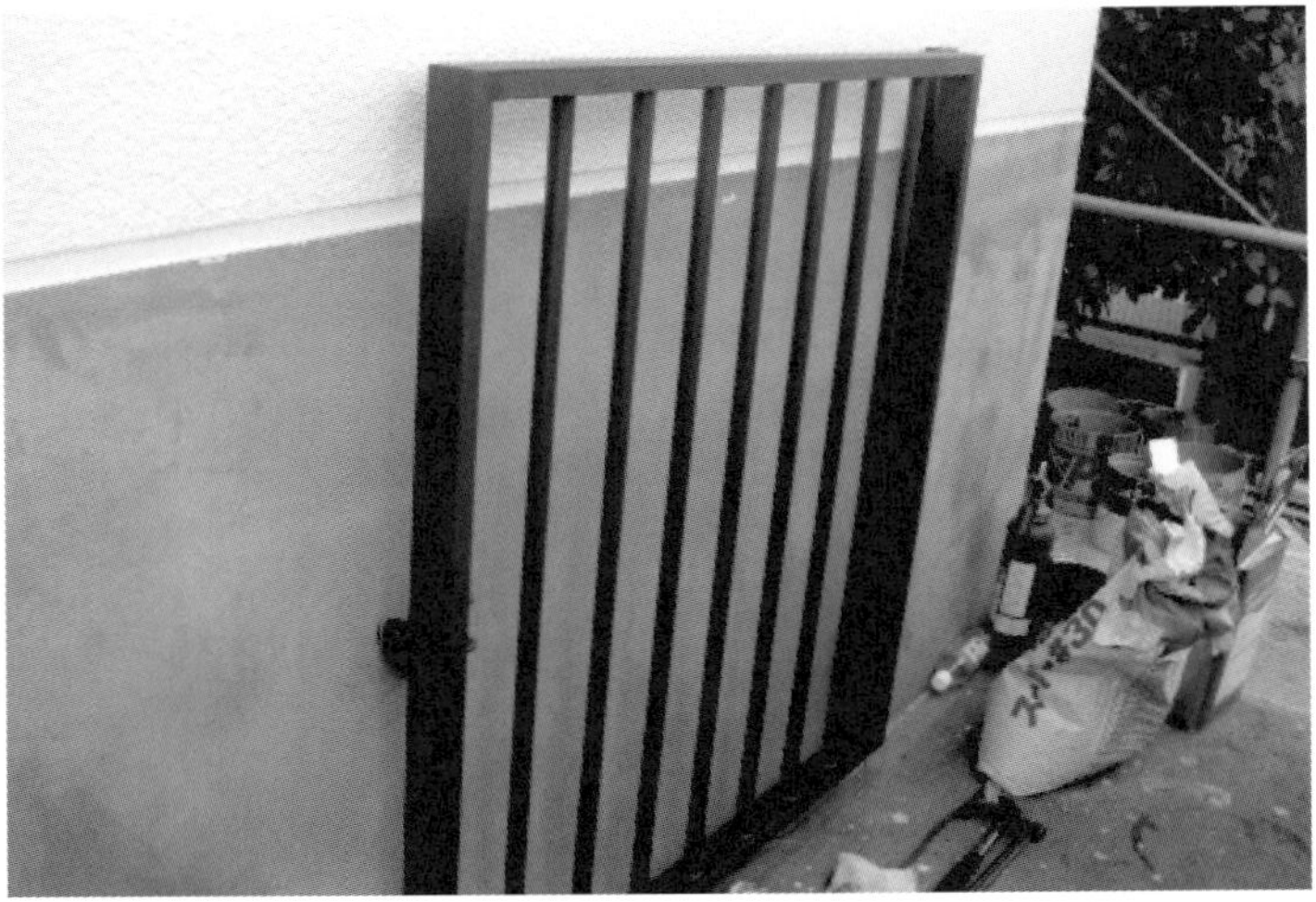

【図表 53　既存の防水シートを除去】

【図表 54　下塗り材を塗った後新しいシートを貼る】

【図表 55　シート上にウレタン塗装する脱気筒設置】

【図表 56　ベランダの防水塗装工事】

【図表57　ベランダの防水塗装を行う】

【図表58　段鼻（階段の先端）に滑り止めを設置】

第11章　大規模修繕委員会　応援資料

【図表 59　大規模修繕委員会　細則】

●●マンション大規模修繕工事委員会細則

第1条（総則）　この細則は、●●マンション管理組合規約（以下「規約」という）に基づき、大規模修繕工事を円滑かつ適正に執行するため、理事会を補佐し助言する諮問機関の必要な事項を定める事を目的とする。

第2条（名称）　諮問機関の名称は『●●マンション管理組合　大規模修繕委員会』（以下『委員会』という。）

第3条（目的）　専門委員会は、理事会を補佐し、かつ必要な助言をする諮問機関の役割を担うものとする。

第4条（役員）　専門委員会の委員は、●●専門委員会（以下『専門委員』という）と称し、委員長、副委員長総務、法規、技術、経理、広報をおくものとする。
必要に応じ、重複業務を1人で担うことも出来る。

第5条（任期）　専門委員会の任期は、工事竣工後の検査終了までを任期とする。

第6条（委員の資格）　専門委員会の委員は、理事会が指名したマンション在住の区分所有者とする。

第7条（委員会の招集）　専門委員会の委員は、組合員またはその同居親族に限るものとする。

第8条（招集）　専門委員会は、定例会を毎月第●週の●曜日とし、これ以外に臨時に開催が必要な場合は委員長が必要に応じてその都度招集するものとする。

第9条（決議）　委員会の議事は、委員数の3分の2以上で決する。

第10条（諮問機関）　専門委員会は、上記第3条の目的を達成するために、次の事項を審議する。
工事の計画作成から工事終了に至るまでの以下の内容に関すること。
1）工法、工事費の適否、及び見積もりの適否に関すること。
2）施行業者との打ち合わせに関すること
3）理事会から要請のあった事項に関すること
4）各区分所有者からの要望に関すること

第11条（報告）　専門委員会は理事会から諮問を受けた事柄の経緯及び結果を随時理事会に報告しなければならない。

第12条（経費）　専門委員会の運営に必要な経費は、管理組合が負担するものとする。

（附則）　この規約は、20●●年●●月●●日から、施工するものとする。

【図表 60　大規模修繕前アンケート】

区分所有者各位

作成：20●●年●●月●●日
●●マンション大規模修繕委員会
委員長 ●●　●●

建 物 調 査 ア ン ケ ー ト

●●マンションの大規模修繕工事の施行準備として建物の損傷・劣化度合いを正確に把握☆
『修繕計画案』を作成のために、業者による建物調査、診断と並行して行うアンケートです。
マンションライフ向上のため、ご協力をお願いいたします。

【提出期限】　20●●年●●月●●日（●）

【提出場所】　●●マンション　●●室　●●（氏名）ポスト

【回答者】　氏名：　　　　　　部屋番号：
＊ 記入欄に書き切れないときは、備考欄にご記入下さい。

1. バルコニーの状況について （大規模修繕時には各自で移動をお願いします。）
1) エアコン室外機設置
□：設置している　（吊下型：　　台、床置型：　　台）
□：設置していない
2) その他の設置物（アンテナ、人工芝、タイル、植木、簡易物置 等）
□：設置している　　□：設置していない

【設置物名、数量】

3) 物干金具について
□：損傷なし 、□：錆びている 、□：壊れている
4) 軒天（バルコニーの天井）について
□：損傷なし 、□：ひび割れあり 、□：水漏れがある
□：その他（　　　　　　　　）
5) 隣との隔板について
□：損傷なし 、□：塗装の剥がれあり 、□：ボードに割れあり 、□：枠に錆びあり
□：その他（　　　　　　　　）
6) 避難ハッチについて
□：損傷なし 、□：塗装の剥がれあり 、□：穴が開いている 、□：枠に錆びあり
□：その他（　　　　　　　　）
7) 避難ハッチについて
□：損傷なし 、□：塗装の剥がれあり 、□：穴が開いている 、□：枠に錆びあり
□：その他（　　　　　　　　）
8) 劣化診断時、専門家の立ち入り調査を希望するか。
□：希望する　、　□：希望しない
第一希望 ：　●●月●●日　●●時～
第二希望 ：　●●月●●日　●●時～
第三希望 ：　●●月●●日　●●時～

2. ご自宅周りの 『共用廊下』 について
□：損傷なし、□：ひび割れあり、□：コンクリートの欠け、□：水がたまる、
□：その他（　　　　　　　　）

3. ご自宅周りの 『その他』 修復が必要な箇所、状況

【備考欄】

お忙しい中、アンケートにご協力を頂きありがとうございました。 上記期日までに所定の場所に提出願います。

【図表61　色彩計画アンケート】

組合員各位

●●マンション管理組合
大規模修繕委員会
〇〇年〇〇月〇〇日作成

大規模修繕工事　外壁(廊下、階段等にも変更可)　色彩計画について

組合員の皆様には、今回の大規模修繕につきご協力を頂きありがとうございます。

さて、、大規模修繕委員会では外壁の色の候補を挙げ試し塗りを行い検討を行ってまいりました。 その結果、●●前に展示してあります3案(A、 B、 C) に絞り込みを行いました。 最終決定に際しては、皆様のご希望を重要な決定要素とさせて頂きます。

つきましては、3案から1案を選定の上、●●月●●日までに●●ポストに投函して頂きたくよろしくお願いいたします。

色見本の内

A

B　　案が良いと考える

C

ご希望に、〇 をつけてください。

工事に関するご意見、ご要望等がありましたら、お書きください。

【ご記入覧】

部屋番号：＿＿＿＿＿＿＿　　お名前：＿＿＿＿＿＿＿＿＿＿＿＿

【図表 62　大規模修繕工事開始のお知らせ】

（あなたのマンション名称：●●　）大規模修繕工事実施について

本工事は、常に多くの居住者が生活をしている中での工事である事を念頭におき、工事の安全、衛生に配慮し、以下の要領で行います。

工事完了までの間、生活上不自由な点もあると思いますが、皆様のご理解と協力をお願いします。

1．　工事期間
●●●●年●●月●●日　～　●●●●年●●月●●日

2．　作業条件
1）作業時間
午前8時から午後6時まで
2）作業日
原則、月曜日～土曜日　日曜日、祭日は作業を行いません。
＊天候等の状況により事前に掲示板等でお知らせの上、作業を行う場合があります。

3）作業員の服装
大規模修繕工事中は、足場が掛かり工事関係者以外が出入りをしてもわからない環境になります。工事関係者は、ヘルメットに『●●●●』のシールを作業服のポケットには『●●●●』のワッペンを付け見分けが付くようにします。

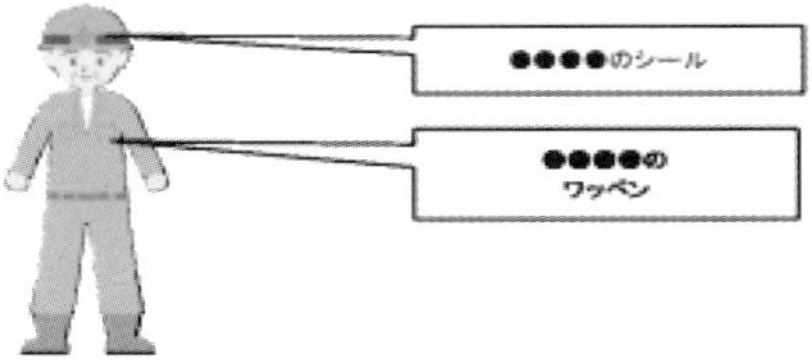

3．　工事項目
1）仮設工事
2）躯体改修、下地補修工事
3）シーリング工事
4）塗装工事
5）防水工事

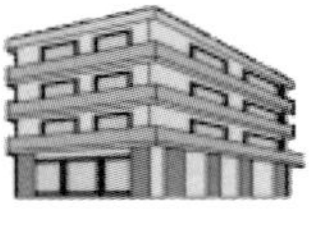

4．工事のお知らせとチラシと掲示
工事掲示板を各階段入口に設置します。工事のお知らせについてはその掲示板で連絡を行いますので、必ず毎日確認をお願いします。

1）下記については、別途工事掲示板にてお知らせします。
・工事工程表
・各工程のお知らせ
・その他、前居住者に関連する事項について

2）下記の件に関しては各戸のポストにチラシを配布します。
・玄関扉塗装のお知らせ
・荷物（物置、エアコン室外機、人工芝等）の移動のお知らせ
・完了前アンケート
・その他各戸に確実に知って頂く事項について

【図表 63　大規模修繕打合せ記録】

大規模修繕工事　打ち合わせ記録

工事件名	
打ち合わせ事項	
打ち合わせ場所	
打ち合わせ日時	
出席者（管理組合）	
出席者（大規模修繕委員会）	
出席者（施工業者）	
当記録　作成者	

協議内容	指示・回答欄

管理組合確認覧							
理事長	理事	理事	理事	理事	理事	理事	理事

大規模修繕委員会							
委員長	委員	委員	委員	委員	委員	委員	委員

【図表 64　大規模修繕完了アンケート】

工事完了アンケート

居住者の皆様へ

長期間にわたる大規模修繕工事もほぼ完了致しました。 皆様には大変不自由をお掛け致しましたが、皆様のご協力により完了する事ができました。 ありがとうございます。

工事完了の検査は、施工業者、管理組合で行いますが、皆様にもご自分の住戸のバルコニー内をチェックして頂き、汚れや傷や塗り残しなど不具合な点等がありましたら、下記アンケートにご記入の上●●月●●日までに、管理組合事務所のポストにご投函下さい。

また、足場に登っての点検は危険ですので行わないで下さい。検査は、足場を組んでいる状態、足場を取り外した状態で各々行いますが、取り急ぎ足場解体のための検査を先行して行いますので、よろしくお願いいたします。

1.　不具合な点はなく、完了したことを確認しました。
2.　以下のような不具合があります。

部位		状態
バルコニー内外壁塗装	壁面	
	手摺壁	
	天井面	
バルコニー防水		
鉄部塗装		
その他		

●● 号棟 ●● 号室　、　氏名 ： ●● ●●

TEL: ●●●-●●●-●●●●

＊ ご指摘の事項の手直しが完了しましたら、当アンケートをお返し致します。お手数ですが、指摘箇所確認の上捺印して管理組合事務所のポストにご投函下さい。

手直し完了確認日 ：●●●● 年 ●● 月 ●● 日

居住者確認印 ： 氏名 ： ●● ●● 印

【図表 65　スケジュール事例】

大規模修繕工事実施までのスケジュール表
（平成26年　秋季実施案）

作成：平成25年11月3日

	年月	検討及び決定事項等		
計画段階	平成25年1月	①	実施計画の立案	工事完了までのスケジュール及び理事会・修繕委員会が行なう作業内容を確認し今後の進め方について検討します。
	1月～2月	②	アンケート調査	区分所有者及び居住者を対象としたアンケート調査を行ない、漏水やバルコニーの劣化状況を確認します。また、工事に対する要望や改善箇所等もお聞きします。
		③	改修仕様及び	建物調査診断とアンケート調査結果を参考に、改修仕様及び工事範囲の検討を行います。
	7月	④	臨時総会（定例）	工事内容説明書配布と内容説明をします。
	～	⑤	工事範囲の検討	また、概算工事金額を算出し、修繕積立金との比較から資金計画を行ないます。
	11月	⑥	臨時総会（大規模修繕検討計画討論会）	計画方針・工事内容・予算・時期・資金計画等について、区分所有者の皆様に概要を説明し、様々なご意見をお聞きし審議いたします。
		⑦	アンケート調査	臨時総会で新たに問題になった点や審議継続と判断された場合にアンケート調査を行い、皆様の総意を理事会でまとめ判断します。
		⑧	参加業者対応	参加希望業者へ説明、案内、資料受領等の打合せをします。概算見積も提出していただきます。
	12月	⑨	通常総会	定例議題審議後、修繕に関する最新の状況報告をします。
業者選定	平成26年1月	⑩	見積り業者選定	[illegible]の大規模修繕工事実績・社会的信用度・[illegible]を基準として選定します。
	～	⑪	現場説明会の開催	見積参加業者に資料（基本仕様書・見積要項書・図面等）を配布し最終見積り提出の依頼をします。
	3月	⑫	見積提出及び業者内定	提出された見積書の内容を検討し、理事会・修繕委員会で施工業者を1社に内定します。
着工準備	4月	⑬	総会承認（臨時総会開催）	理事会議案（工期、工事金額、施工業者）について、区分所有者の3/4（75%）以上で議決して頂きます。
	～	⑭	工事請負契約締結	施工業者と工事請負契約を締結します。
		⑮	工事説明会の開催	居住者を対象とした施工業者による工事説明会を行い、工事中の注意点や協力事項ついて理解を得ると共に、疑問・要望等について話し合いをします。
	7月	⑯	臨時総会（定例）	定例議案審議後、工事計画の最新報告をします。
工事期間	8月下旬	⑰	工事着工	工期：平成26年　8月下旬日～　12月中旬日まで
	10月中旬	⑱	中間検査-1	躯体補修の段階で中間検査を行ないます。
	11月下旬	⑲	中間検査-2	仕上り状態などを確認します。
	12月中旬	⑳	工事完了	工事完了検査を行います。
引渡し	12月	㉑	通常総会	定例議案と併せ最終報告をします。
	平成27年1月	㉒	工事完了報告書引渡し	工事終了後報告書を作成し完了となります。

＊施工業者により工期の変動が予想されます。

管理組合

【図表 66　大規模修繕カレンダー】

平成25年11月25日付

管理組合

平成26年 秋期 大規模修繕計画　カレンダー

2013年12月

日	月	火	水	木	金	土
1	2	3	4	5	6	7
8	9	10	11	12	13	14
15	16	17	18	19	20	21
22	23	24	25	26	27	28
29	30	31				

12/15 通常総会(定例)
12/20 参加申込締切

2014年　平成26年

注)項目前に日付が入力されていないものは、現在日程未定です。

1月

日	月	火	水	木	金	土
			1	2	3	4
5	6	7	8	9	10	11
12	13	14	15	16	17	18
19	20	21	22	23	24	25
26	27	28	29	30	31	

1/31 概算見積表締切

2月

日	月	火	水	木	金	土
						1
2	3	4	5	6	7	8
9	10	11	12	13	14	15
16	17	18	19	20	21	22
23	24	25	26	27	28	

・一次審査会

3月

日	月	火	水	木	金	土
						1
2	3	4	5	6	7	8
9	10	11	12	13	14	15
16	17	18	19	20	21	22
23/30	24/31	25	26	27	28	29

・選考業者プレゼンテーション

4月

日	月	火	水	木	金	土
		1	2	3	4	5
6	7	8	9	10	11	12
13	14	15	16	17	18	19
20	21	22	23	24	25	26
27	28	29	30			

・最終見積書締切　・最終審査会
・内定業者詳細打合会

5月

日	月	火	水	木	金	土
				1	2	3
4	5	6	7	8	9	10
11	12	13	14	15	16	17
18	19	20	21	22	23	24
25	26	27	28	29	30	31

・臨時総会(契約承認)
・工事請負契約締結

6月

日	月	火	水	木	金	土
1	2	3	4	5	6	7
8	9	10	11	12	13	14
15	16	17	18	19	20	21
22	23	24	25	26	27	28
29	30					

・住民説明会(施工業者)

7月

日	月	火	水	木	金	土
		1	2	3	4	5
6	7	8	9	10	11	12
13	14	15	16	17	18	19
20	21	22	23	24	25	26
27	28	29	30	31		

・臨時総会(定例)

8月

日	月	火	水	木	金	土
					1	2
3	4	5	6	7	8	9
10	11	12	13	14	15	16
17	18	19	20	21	22	23
24/31	25	26	27	28	29	30

・工事着工
・修繕関係者定例打合せ会

9月

日	月	火	水	木	金	土
	1	2	3	4	5	6
7	8	9	10	11	12	13
14	15	16	17	18	19	20
21	22	23	24	25	26	27
28	29	30				

・中間検査 1　・第一回支払
・修繕関係者定例打合せ会

10月

日	月	火	水	木	金	土
			1	2	3	4
5	6	7	8	9	10	11
12	13	14	15	16	17	18
19	20	21	22	23	24	25
26	27	28	29	30	31	

・中間検査 2　・第二回支払
・修繕関係者定例打合せ会

11月

日	月	火	水	木	金	土
						1
2	3	4	5	6	7	8
9	10	11	12	13	14	15
16	17	18	19	20	21	22
23/30	24	25	26	27	28	29

・最終検査
・修繕関係者定例打合せ会

12月

日	月	火	水	木	金	土
	1	2	3	4	5	6
7	8	9	10	11	12	13
14	15	16	17	18	19	20
21	22	23	24	25	26	27
28	29	30	31			

・通常総会(定例)　・工事完了引渡
・最終精算　・修繕関係記録整理保管

【図表 67　ガントチャート例】

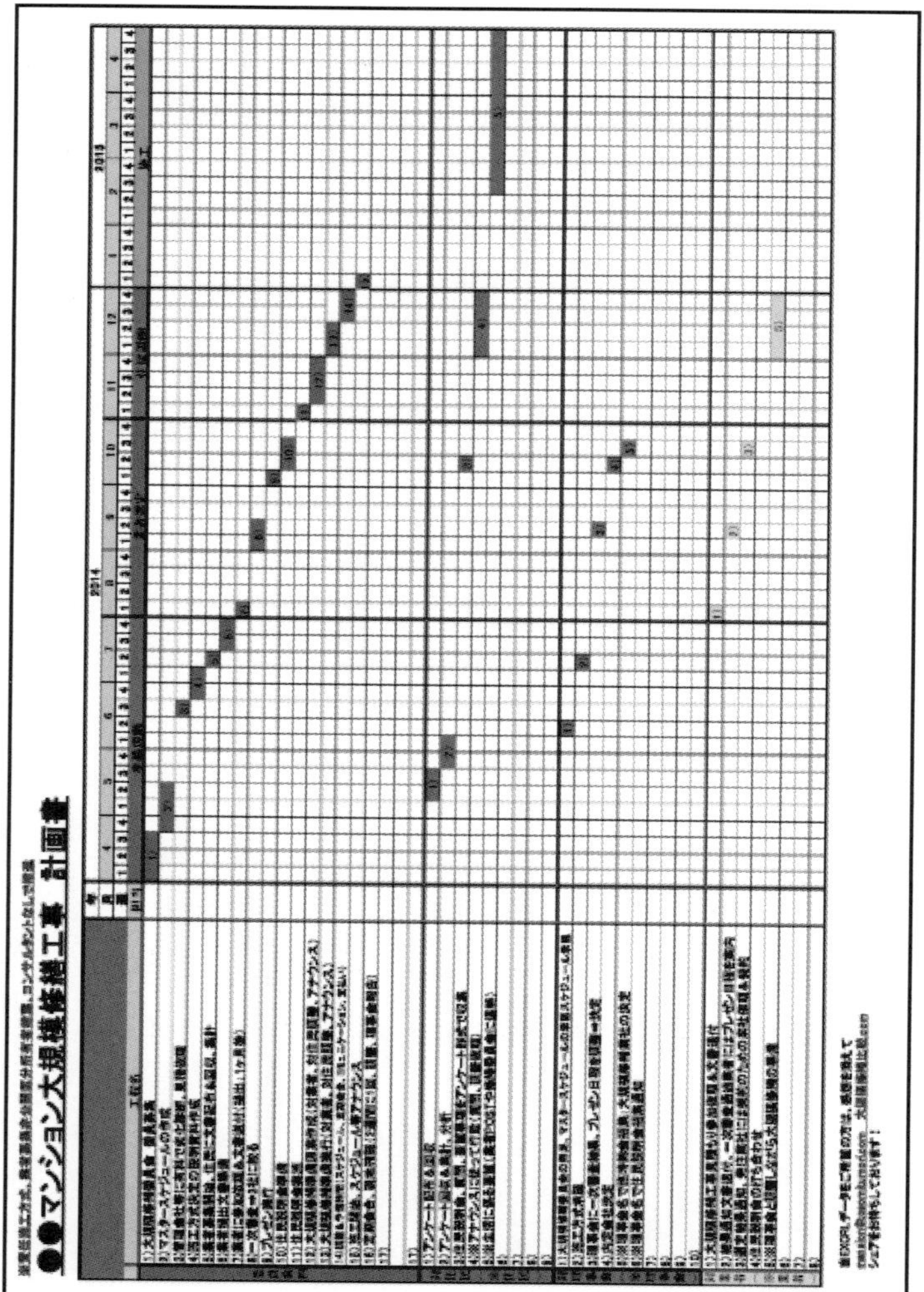

第12章　新築マンション分譲広告で修繕積立金をシミュレート

【図表68　マンション分譲広告（最重要は下線の部分）】

第三期予告物件概要●所在地／神奈川県横浜市×●／京急本線［神奈川］駅徒歩×分・JR京浜東北線・横浜線東神奈川駅徒歩×分、東急東横線：東白楽駅徒歩×分●総戸数／99戸●用途地
……
DK●専有面積／68.00㎡～85.43㎡●バルコニー面積／9.99㎡～17.32㎡［ルーフバルコニー面積／31.30㎡（月額使用量：1,570円）］●サービスバルコニー面積／2.3㎡～4.27㎡●テラス面積／9.91㎡～11.61㎡●専有面積／68.00㎡～85.43㎡●駐車場／51台（月額使用料:18,000円～22,000円）●自転車置場／198台（月額使用料：100円～400円）●バイク置場／5台（月額使用料：1,000円）●販売戸数／未定●販売価格／3,700万円台～6,300万円台100万年単位●管理形態／／区分所有者全員による管理組合を結成し、管理会社に業務委託予定●管理費／12,000円～15,100円）●修繕積立金（月額）／6,800円～8,540円●修繕積立一時金（引渡し時一括）／340,000円～427,200円）●管理準備金（引渡し時一括）／20,000円●竣工予定時期／平成×年×月上旬●入居予定時期／平成×年×月下旬●売主／×不動産株式会社　〒×東京都中央区×●販売提携（代理）／×不動産販売株式会社●施工／×コーポレーション●管理会社／×不動産株式会社●販売時期／平成×年×月下旬
……

マンション広告の大部分を占める大きな写真、文字の一番目立たない最後の部分に図表67のような小さな文字の羅列があります。実は、そのうちの下線の部分が一番重要な箇所です。

重要な数値をピックアップしてみます。

部屋のタイプにより幅があるので、ここでは平均の値を取ってシュミレーションします。

■修繕積立金（月額）：６，８００～８，５４０円→７，６７０円

■修繕積立一時金（引渡し時一括）：３４０，０００～４７２，２００円→４０６，１００円

■駐車場月額使用料：１８，０００～２２，０００円→２０，０００円

■専有面積：68～85・43㎡→77㎡

国土交通省の「大規模修繕のガイドライン」によると、均等払いで毎月約２００円／㎡。

この事例で30年で必要な修繕積立金は、

77㎡×２００円／㎡×12か月×30年＝５，５４４，０００円。

もし、このままの修繕積立金で30年積み立てると、

修繕積立一時金：406，100円

7，670円／月×12か月×30年＝2，761，200円

合算すると3，167，300円、不足額：2，376，700円となり、不足額を修繕積立金の値上げで補う必要があります。

※分譲当初の修繕積立金が著しく安く設定されていることがわかります。

この月額7，670円は、〝絶妙〟な金額です。

絶妙というのは、1回目の大規模修繕をマンション建設業者の子会社の管理会社がきっちりと10年後に行うと、そのときに積み上がる修繕積立金は、修繕積立一時金：406，100円と7，670円／月×12か月×10年＝920，400円の合計1，326，500円となります。

1回目の大規模修繕は、築10年と新しいので、費用は比較的安く収まります。そして、マンション内のコミュニティーがそれほどは育っていないことが多く、管理会社主導で進められる環境にあることが多いのです。

1，326，500円は、1回目にしては「かなり余裕のある金額」、「次回に残せる」と見えます。管理会社から見ると、「今ここにある自社コントロール下のお金」、「自社の利益最大化のためには全額使用」となります。

2回目の大規模修繕の頃にはコミュニティーが育っており、1回目ほどは管理会社主導で大規模修繕計画を進められる可能性は少なくなることはわかりきっています。

ここで予想される管理会社の対応は、……ご想像のとおりです。

賢い管理組合でないと、２回目以降の大規模修繕で大変なことになることが予想されます。

駐車場の維持管理、更新と駐車料金については、マンションの躯体についての修繕積立金になります。

また、駐車料金があります。月平均２万円の駐車料金としましょう。

機械式駐車場の場合、1パレット(1台分)の更新費用は１００万円～２００万円とされています。

これも平均を取り１５０万円としましょう。

点検、修繕費用を多めに取り50%、更新を早めに20年としてシュミレーションします。

２万円／月×12か月×20年×０・５＝２４０万円
この駐車料金がすべて駐車場の維持管理に、更新費用に使われるとしたら、かなり余裕があるように見受けられます。

これは、駐車場が常に満車で、料金が満額入ってくることを前提にしたシュミレーションです。
・高齢化に伴い、車を手放し、駐車場契約を解約。
・車は持っていても、マンション駐車場の料金が高いので近隣の駐車場を借りる。
・管理会社が駐車料金の一部を管理費に算入している。
このような原因により、実際にはシュミレーションどおりに積立が行われない可能性がありります。

早めに状況を確認して対応をしていけば、まだ間に合うかもしれません。

あとがき

今回、初めての出版になりました。

出版に当たり、構成のアドバイス、コーディネート、校正をいただいた船ケ山　哲様、高橋　ひろあき様、小山　睦男様には大変お世話になりました。ありがとうございました。厚くお礼を申し上げます。

偶然から、小規模マンションの大規模修繕の自社施工業者とマンション管理組合さんを直接結びつけるマッチング事業に取り組むことになりました。事業を行っていくうちに、管理会社の横暴、業界の体質に対する怒りがこみ上げてきました。

それと同時に、小規模マンションの管理組合さんに、「どのようにすれば大事な修繕積立金を最大限賢く使うことができるか」を広めていきたいという気持ちが強くなってきました。

サイトを立ち上げ、広告を出し、お問合せのあった小規模マンションの管理組合さんには電話でお話はするのですが、当方1人の力は僅かのものです。

それでも200名を超える管理組合様に本書で紹介した内容をお伝えしてまいりました。そして、その一部の方が実行に移され、成果を上げていただけましたのは、本書でお伝えしたとおりです。

「もっと広く、お伝えしたい」と思っていたタイミングで出版の話をいただきましたので、喜んで執筆を承諾させていただきました。

本書を読み、ご自身の立場、権利を理解し、全体像を把握して、小規模マンションのオーナー様として、資産価値を保つための大規模修繕を賢く行っていただくお役に立つことを願っております。物事は何でも、ゼロから1が難しいといいます。1から2はそれと比べるとそれほど難しくないものです。

マンションの大規模修繕、全く知識もなく、しかも長年、区分所有者が積み立てた貴重な資金を使う責任重大なプロジェクト、ゼロからのスタートも、同じような環境で成功された管理組合の話、そのときに使った資料があれば、計画推進のお役に立てることと確信しております。

【無料プレゼント　大規模修繕の教科書ＤＶＤ】

また、1年以内に大規模修繕を予定されていらっしゃる小規模マンションの管理組合さんには、大規模修繕を成功させるために役立つ無料ＤＶＤ「大規模修繕の教科書」をプレゼントいたします。

その中には、本書に掲載されている元データ他、大規模修繕委員会でプロジェクトを進める上で役立つ資料を満載しております。http://mansion.tosomitumori.com より入手してください。

本書中に掲載した「大規模修繕委員会　応援資料」のWORD、EXCEL版のデータも収録されていますので、○○マンションとなっているところを、あなたのマンション名に変更するだけで、たたき台が出来上がります。後は、これをあなたのマンションなりに、追加、削除、変更していくことでオリジナルの資料に早変わりします。

全体像を掴み、提案、仲間づくりから始め、大規模修繕プロジェクトを開始、そして成功へのきっかけが本書&無料プレゼントであることを願っております。

1管理組合でも多く、資産価値を保つための大規模修繕、その他について管理会社任せにしないで自主的に運営することの重要さに目覚めていただくことを願っております。

最後まで、お読みいただきありがとうございました。

本書に関する質問、感想、相談も承っております。info@sokaiwheel.com 長岡宛に送信ください。

〈参考文献〉
住みやすいマンション　資産価値を高める管理・修繕　日本経済新聞出版社編　日本経済新聞出版社刊
運営からトラブル解決まで　マンション管理組合お役立ちハンドブック　川上湛永著　実業之日本社刊
まちがいだらけの大規模修繕　伊藤洋之輔著　ダイヤモンド社刊
マンション管理組合理事のための大規模修繕成功の秘訣　藤井金蔵著　幻冬舎刊

著者略歴

長岡　聡（ながおか さとし）

1963年横浜市生まれ。日本工学院専門学校卒業。1984年東京大田区の中堅電子部品商社に入社。当時と全盛だったNECのPC98パソコンで稼働する電子製図用パソコンCADの販売に3年間従事。その後設備用ICソケットで業界一のメーカーに入社、44歳まで22年間、営業管理部門で在庫管理、業務改善業務を担当。退社後、携帯電話充電器のレンタル業を開始。その傍ら、インターネットを使い自社職人で戸建住宅の外壁・屋根を塗装する良心的な塗装業者を紹介するサイトを開設。そのときに5戸の小規模マンションからの注文をきっかけに、同じ仕組みの小規模マンションに特化した専用サイト、「大規模修繕比較.com」（http://mansion.tosomitumori.com） を2011年12月開設、現在に至る。

小規模マンション大規模修繕のカラクリ
―管理会社が絶対に明かさない秘密を公開

2016年10月7日発行　　2022年7月27日第4刷発行

著　者　長岡　聡

発行人　森　忠順
発行所　株式会社 セルバ出版
〒113-0034
東京都文京区湯島1丁目12番6号 高関ビル5B
☎ 03（5812）1178　FAX 03（5812）1188
https://seluba.co.jp/
発　売　株式会社 創英社／三省堂書店
〒101-0051
東京都千代田区神田神保町1丁目1番地
☎ 03（3291）2295　FAX 03（3292）7687

印刷・製本　株式会社 丸井工文社

Printed in JAPAN
ISBN978-4-86367-295-6